Gandhi

La liberté en marche

Gandhi
La liberté en marche

Irène Frain

Timée-Editions

« Des livres ouverts sur Internet »
www.timee-editions.com

Du même auteur

Romans

À la Recherche du Royaume, Maren Sell/Buchet-Chastel, 2007
Au Royaume des femmes, Fayard, 2007
Les Hommes, etc., Fayard, 2003
La Maison de la source, Fayard, 2000
L'Inimitable, Fayard, 1998
L'Homme fatal, Fayard, 1995
Quai des Indes, Fayard, 1992
Devi, fayard/Jean-Claude Lattès, 1992
Histoire de Lou, Fayard, 1990
Secret de famille, Jean-Claude Lattès, 1989
Désirs, Jean-Claude Lattès, 1986
Modern Style, Jean-Claude Lattès, 1984
Le Nabab, Jean-Claude Lattès, 1982

Essais

Pour que refleurisse le monde, entretiens avec Jetsun Pema, 2002
Julien Gracq et la Bretagne, 2000
Vive la mariée, Du May, 1993
La Guirlande de Julie, Robert Laffont, 1991
Quand les Bretons peuplaient les mers, Fayard, 1979

Recueil

Le Chat, Archipel, 1996

Beaux-livres

La Côte d'Amour, Editions Alizés, 2001
A Jamais, Albin Michel, 1999
La Vallée des hommes perdus, Editions DS, 1994
Lady Di, Editions Assouline, 1998

Contes

Le Roi des chats, L'Archipel, 1996
La Fée chocolat, illustré par Laurent Berman, Fayard, 1995
Les Contes du cheval bleu les jours de grand vent, Livre de Poche Jeunesse, 1980

ISBN : 978-2-35401-016-4
Dépôt légal : octobre 2007

Imprimé en Slovénie

Pour Marie F.
Et Yann F.

Avant-propos

La découverte de l'Inde, plus que tout autre, est un parcours initiatique. A moins de se borner aux routes balisées du tourisme moutonnier, le voyageur occidental s'y trouve instantanément englouti dans un maëlstrom d'émotions si violentes et si contradictoires qu'il ne peut rentrer dans son pays sans s'en trouver changé. Electrochoc. Un périple en Inde est un aller simple. Dans tous les sens du terme, on n'en revient pas. En quelques semaines d'immersion dans cet océan d'odeurs, couleurs, foules, chaleur et poussière, chacun est renvoyé à ses interrogations les plus intimes et les plus essentielles. Chamboulé en permanence par le fossé que les Indiens, si spontanément, creusent entre l'instant de la rencontre avec le voyageur et leur attente métaphysique d'une éternité de paix absolue. Regards béants, sans fond. A la fois présents et absents. Comme s'il allait de soi que l'homme, ici-bas, n'est qu'oiseau de passage. Et que la vie n'est qu'un conte.

Les figures historiques n'échappent pas à cette constante distorsion du temps, à cette façon spontanée de vivre simultanément la minute présente et l'éternité des légendes. Même à l'époque de l'hypercommunication et du bombardement ininterrompu de l'actualité, la frontière reste très frêle, en Inde, entre le récit d'une épopée divine et la biographie d'un humain d'exception. Tel demeure spectaculairement le parcours de Gandhi. Alors qu'il est mort en 1948, on y relate sa vie à tout bout de champ. Légende dorée aux rebondissements archi-connus et aux épisodes immuables. Pareille à la vie de Bouddha, ou plus ancienne encore, à la guerre menée par les héros et les dieux du Mahabharata – des combats qui remontent à 3 000 avant J.-C....

Très souvent aussi, au hasard des villes et des campagnes, on tombe sur des statues du libérateur de la nation indienne. Comme celles des dieux, ses effigies sont presque toujours semblables. Naïfs ou roués, les artistes choisissent la plupart du temps de le représenter sous la forme où, à la fin des années 20, la célébrité vint le saisir : crâne chauve, petites lunettes rondes, torse à moitié nu, reins protégés du simple pagne des paysans. Toujours aussi fermement campé sur ses jambes grêles grâce à son bâton de bambou, le « Père de la Nation » laisse ainsi l'impression de continuer à guider l'invraisemblable mouvement brownien d'hommes, animaux et machines qui, des cocotiers de Goa aux contreforts de l'Himalaya, sillonne en permanence la terre indienne. Chaos où s'enchevêtrent bus, vélos, chars à bœufs, scooters, motos, chameaux, chevaux, ânons, éléphants, camions enguirlandés comme sapins de Noël, enfin marcheurs de tous âges en quête d'on ne sait quoi.

Le but, peut-être, que Gandhi avait assigné à leurs pères : l'amour de leurs semblables, la sincérité du cœur, la dignité, la liberté. Aussi, statues de stuc ou de simple ciment, bronze ruineux ou plâtre hâtivement peinturluré, le Mahatma reste-t-il à jamais installé dans son rôle de maître à penser de l'Inde indépendante. Et scrute comme jadis de son œil perçant l'horizon des foules. Un regard qui, de son vivant, fascina indistinctement Indiens et Occidentaux. Aiguisé, dirait-on, par son inlassable quête de vérité – la seule aventure, selon lui, qui vaille d'être vécue.

A force de la voir, cette icône, au fronton des écoles, des hôpitaux, des dispensaires, dans les halls des grands bâtiments publics comme sous le chaume des humbles conseils de village, à force de la rencontrer sur les timbres, les billets de banque, voire de croiser, au hasard d'un mariage, d'une inauguration, d'une fête en l'honneur d'un dieu, un de ces sosies qui font un juteux commerce de leur ressemblance parfaite avec le Mahatma, le voyageur finit par ne plus faire de différence entre elle et l'image non moins obsédante des divinités sculptées sur les pains de sucre des temples. Il ne sait plus si l'histoire du Mahatma, comme la leur, est présente ou lointaine, d'une brûlante actualité ou gelée, au contraire, dans une inaccessible et souveraine éternité. Et quand par miracle, il lui revient que Gandhi est né il y a à peine cent ans, il peine se faire une idée de l'homme, ce Mohandas Karamchand Gandhi qui grandit à la fin du XIXe siècle dans une famille de petits-bourgeois sans histoires d'un port de l'Océan Indien. Seule lui demeure familière l'issue tragique de son parcours, le martyr figé dans sa légende autant que dans son sang, le soir du 30 janvier 1948 où il s'effondra sous les balles d'un extrémiste hindou en murmurant le mot « Dieu... ». Mais le reste... Il faut bien le reconnaître : à propos de Gandhi, en Occident comme en Inde, ne demeurent généralement dans les mémoires que les grandes heures de sa lutte acharnée contre la colonisation britannique. L'épopée de la Marche du Sel, ses grèves de la faim, son rouet, ses séjours en prison, et, sur les images fatiguées de rares bandes d'actualité, la spectaculaire confrontation du « fakir demi-nu », comme l'appelait Churchill, avec la brouillasse anglaise et l'accueil non moins glacial des colonisateurs... Enfin, sur fond de massacres et de catastrophe humanitaire, le chemin de croix des dernières années du Mahatma, les temps cruels où sa détermination à réconcilier hindous et musulmans firent de lui, en même temps qu'une sorte de Christ du tiers-monde, le bouc-émissaire des haines aveugles déclenchées par la Partition de l'Inde. Mais qui se remémore qu'au moment où Gandhi avait commencé de défier l'occupant anglais, il frisait la cinquantaine, après avoir passé plus de vingt ans en Afrique du Sud ? Et pourquoi, du reste, s'en souviendrait-on ? Dans les années 20, quand les foules indiennes couraient quêter son apparition, le noyaient sous les guirlandes, le saluaient du nom sacré de Mahatma – « Grande Ame » –, tous avaient déjà oublié l'adolescent ombrageux, agressif et influençable qu'il avait été, le mauvais mari, le père aussi précoce qu'inconscient. En un rien de temps, tout son passé s'était effacé. Une ombre vague, le jeune homme narcissique et dandy qui s'était naïvement échiné, durant des années, à copier les Anglais. Et lui-même dissout dans la gloire, l'avocat maladroit des débuts, opportuniste mais dépourvu du moindre talent oratoire, habité nuit et jour d'obsessions extravagantes qui le rendaient souvent parfaitement odieux...

Mais ce n'est pas rabaisser Gandhi que de remonter la route hasardeuse qui le mena jusqu'à sa vérité, plus qu'à la sainteté – un mot qu'il abhorrait. Ce passé torturé, dès 1925, dans une longue autobiographie, il fut le premier à le relater, avec une minutie et une franchise qui laissent souvent pantois : il n'y manque aucune occasion de souligner que son exceptionnelle trajectoire relevait du pur hasard. Cependant, il était mystique ; il préféra y voir la marque de la volonté de Dieu. Et se définir comme son humble instrument. Du même coup, son autobiographie manqua son coup. Parce qu'il avait eu la force de pointer ses manquements et ses failles, on lui prêta avec encore plus d'enthousiasme l'étoffe des héros. Et on recommença à s'aveugler sur ses faiblesses pour se focaliser sur sa grandeur, son ascétisme, son courage, son indépendance d'esprit, sa phénoménale opiniâtreté. Ainsi, pour longtemps, Gandhi se retrouva enfermé dans l'étroite et pâle figure du saint. En dépit des efforts non négligeables déployés par ses ennemis pour pulvériser cette statue naïve et simpliste. Et bien malgré lui...

Donc rien de sacrilège à gratter le vernis du conte du Mahatma pour mettre à nu la profondeur, la densité humaine de Gandhi, le grain quotidien de sa périlleuse, inquiète et libre vie. Petits travers et contradictions insoutenables, jours de doute et erreurs monumentales – « grosses comme l'Himalaya » selon la formule dont spontanément, il s'autoflagella –, manies pittoresques ou carrément détestables, choix héroïques et coups de génie, lacs de pure tendresse, abîmes de douleur, l'homme Mohandas demeure, jusque dans ses failles, voire ses petitesses, le meilleur ambassadeur de son message. En l'approchant ainsi, dans le jour tremblé de l'intime, on découvre à la fois le plus déroutant : le quotidien de l'Inde. Et, simultanément, les expériences fondatrices qui, hors l'idée de vengeance, qu'il avait en horreur, font de nous les pareils de Gandhi. L'humiliation, la peur, la joie, l'espoir, la détresse, le deuil, le tourment. Un semblable et un frère. Un être qui ne diffère de nous que sur un point : assez humain pour nourrir l'ambition de vouloir grandir l'humain.

Enfin et surtout, avec le recul des années, se dessine Gandhi le visionnaire, « ce colosse de la spiritualité en forme de petit moineau perdu dans un fauteuil », comme le définit Mountbatten lors des négociations qui aboutirent, le 15 août 1947, à l'indépendance de l'Inde. A soixante ans de son assassinat, les plaidoyers du Mahatma en faveur de l'égalité des races, des sexes et des classes sociales n'ont pas pris une ride. En dépit de son puritanisme foncier et de quelques irréductibles archaïsmes, tout en lui continue de parler de l'avenir. Après avoir inspiré les utopies occidentales des années soixante, certains courants du mouvement hippie, puis la lutte exemplaire de Nelson Mandela, voici qu'à présent les altermondialistes se réclament de ses analyses, serrés de près par les écologistes : dans leur lutte contre les OGM, ils prônent exactement la même désobéissance civile que Gandhi dans l'Afrique du Sud de 1900, quand il se battait pour obtenir l'égalité civique entre coolies indiens et colons blancs...

Convergence qui dépasse de très loin les points de méthode. Dès cette époque, le futur Mahatma avait prévu la déshumanisation ultra-rapide des sociétés par l'industrialisation, la violence apocalyptique en germe dans les intégrismes religieux, la destruction accélérée de l'environnement. Aussi, en ces jours où, comme aux siècles les plus obscurs, on recommence à s'étriper pour des histoires de voile, où le Nord, aveuglément, s'obstine à oppresser le Sud, quand le pillage des ressources naturelles et le gaspillage le plus imbécile menacent de plus en plus dangereusement l'avenir de nos enfants et la survie de la planète, nécessité impérieuse d'aller débusquer au plus tôt, sous le glacis de son icône, sa simple humanité.

Quoi de neuf ? Gandhi !

Sommaire

1 ENFANT DE L'INDE ET FILS DE L'EMPIRE

Mohandas Gandhi naît à Porbandar, tranquille petit port de pêche situé dans le Gujerat, à l'ouest de l'Inde. Issu d'une caste honorable, il vit une enfance paisible dans l'admiration de la religion jaïn, avant de devenir un adolescent récalcitrant et de se marier à la jeune Kasturbai au caractère bien trempé. Attaché à l'Empire britannique où il se croit bien intégré, il n'hésite pas à embarquer pour l'Angleterre, quitte à soulever la colère de sa caste.

L'océan des origines

Moussons, marées, tempêtes, retours de pêche, parfums de balles d'épices à destination de l'Afrique, de l'Europe et des pays arabes : les premières années de Mohandas Gandhi se déroulent dans l'atmosphère tropicale d'un vieux port ouvert sur l'océan Indien.

Jalonné de cocotiers, de temples hindous et de minarets, Porbandar allonge ses plages à perte de vue. Le petit Gandhi s'y amuse rarement. Effet de sa timidité naturelle, mais aussi lot commun des enfants de la caste des commerçants, souvent couvés par leurs parents et nounous dans de grandes demeures familiales de pierre blanche édifiées à la lisière du bazar, par-delà son lacis de temples et ruelles.

Quatrième fils d'un homme d'âge dont la prestance et l'austérité l'effarouchent, l'enfant ne présente pas, loin de là, les signes annonciateurs d'une destinée d'exception. Même s'il se montre généralement vif et gai, il est vite terrorisé, facilement ému aux larmes et vit dans la hantise des serpents, des fantômes et de l'obscurité. Sa seule fascination, en dehors de ses parents : les adeptes de la religion jaïn, très présents dans la ville. Des ascètes qui prônent la non-violence et le respect de tout être vivant, fût-ce un minuscule insecte. Leur influence le pousse très tôt à des comportements spectaculairement compassionnels : ainsi, on le surprend un jour à entourer de soins étranges le fruit d'un manguier. « La mangue est blessée, explique l'enfant, je lui fais un pansement. »

Temple jaïn à Calcutta. La religion jaïn, dont l'une des valeurs fondamentales est le respect de toute vie, attire très tôt le petit Gandhi.

« Vis comme si tu devais mourir demain. Apprends comme si tu devais vivre toujours. »

Gandhi à l'âge de sept ans.

Plusieurs Gandhi, dont son père, ont été Premier ministre du minuscule état indien dont Porbandar est le débouché maritime. L'aisance et le respect dont jouit son clan lui valent donc une enfance tranquille. Comme à la plupart des gamins indiens, on lui explique que la vie ressemble à la traversée de l'océan. Simple image : pour tout adepte de l'hindouisme, franchir les mers est alors un péché inexpiable.

Lorsqu'il chantonne en tapotant l'accordéon que lui avait offert son père, le petit Mohandas ne songe donc sûrement pas à quitter Porbandar. Même si le port s'ouvre sur l'Occident. Et malgré l'odeur d'algues et d'épices qui traîne continûment sur les quais.

La caste immémoriale

Comme dans toutes les familles hindouistes, l'univers du jeune Gandhi est réglé par les règles immémoriales de la caste. Un monde immobile et sévèrement codé : le nom de Gandhi signifiant « épicier », chacun sait d'emblée qu'il appartient au groupe des *vaishyas* (marchands).

Sa mère, Putlibai, est la quatrième et dernière femme de son père.

Sans bénéficier du respect absolu attaché aux brahmanes, ni du prestige de la deuxième caste, les *kshatrya* (guerriers), les Gandhi demeurent fréquentables – son père est reconnu comme très fin négociateur et sa mère, Putlibai, très appréciée au palais princier. Reconnaissance inaccessible aux membres de la quatrième caste, les *sudras*, commis aux plus répugnantes besognes. Et davantage encore aux Intouchables, dont la seule vue met en fuite le passant.

Nul ne songe à contester ce système : selon l'hindouisme, il est le fruit d'un ordre transcendant et des actions, bonnes ou mauvaises, commises par chacun dans ses vies antérieures. Cette hiérarchie offre toutefois à l'individu des repères sûrs. Son destin ne se sépare pas de celui de la caste qui, en contrepartie de sa soumission, lui assure protection et solidarité.

Le petit Gandhi s'y sent donc parfaitement à l'aise et rien ne laisse présager qu'il prônera un jour l'égalité entre les hommes et la défense des Intouchables. Coiffé de son petit calot brodé, il respecte scrupuleusement les coutumes vestimentaires et végétariennes de sa famille et vénère ses parents, avec une prédilection pour sa mère, dont les jeûnes purificatoires l'impressionnent.

Il est marqué par un vœu qu'elle fait en pleine mousson : ne rien avaler tant que le soleil serait caché par les nuages. Les pluies s'éternisant, et sa mère s'affaiblissant, le gamin, ordinairement insouciant, passe son temps à l'avertir d'improbables réapparitions du soleil. Mais

« La véritable éducation consiste à tirer le meilleur de soi-même. Quel meilleur livre peut-il exister que le livre de l'humanité ? »

Dans la société indienne, les brahmanes, classe instruite par excellence, jouissent d'une estime absolue. Gandhi, lui, appartient au groupe des *vaishyas*.

l'inflexible Putlibai oppose obstinément à son anxiété la même joyeuse réponse : « Quelle importance ? Dieu n'a pas envie que je mange aujourd'hui ! »

Mystique mais aussi profondément humaine, Putlibai pratique la tolérance envers les autres religions présentes à Porbandar. Elle connaît les principes de l'Islam, opposé au système des castes, et cherche secrètement à les concilier avec sa propre religion. « Une sainte », résumera Gandhi.

Kaba Gandhi, le père de Gandhi,
est membre du tribunal du Rajasthan,
puis premier ministre de l'état princier de Rajkot.

Un mariage d'enfants

C'est à quatorze ans, à l'occasion de son mariage, que Gandhi découvre la face noire de la caste. Il n'a pas sept ans qu'à son insu, ses parents l'ont fiancé.

Mais la fillette décède. Une autre est donc choisie, qui meurt à son tour avant d'être nubile. La petite Kasturbai, elle, survit, et Gandhi est un jour averti qu'il va l'épouser au d'ici peu.

Le même jour, afin de réduire le coût de noces qu'on souhaite malgré tout somptueuses, on marie son frère et un cousin. Irréfléchi et un brin vaniteux, l'adolescent ne se sent plus de joie. Il ne voit dans sa fiancée qu'une camarade de plus ; et dans le mariage, une formidable occasion de parades, tambourinades et festins.

« La vie est un mystère qu'il faut vivre, et non un problème à résoudre. »

Peu avant la cérémonie, son père est victime d'un grave accident : sa diligence a versé. Il se présente aux invités très mal en point, couvert de bandages et blessures. Toujours aussi insouciant, Gandhi n'y prête nulle attention et vit la journée comme une fête merveilleuse et sans lendemain. Il a été précisément instruit de la sexualité par ses proches, mais n'a pas prévu le goût immédiat qu'il y prendrait, et encore moins la violente passion qu'il va développer pour la jeune fille.

Kasturbai n'a que treize ans. Apparemment docile, elle reste indifférente à ses assiduités, ce qui redouble son obsession amoureuse. Les résultats scolaires du jeune Gandhi s'en ressentent : « En classe, je pensais constamment à elle. J'étais hanté par le rêve de la rejoindre avec la fin du jour. » Mais la retrouver dans l'intimité n'est pas simple : le jeune couple vit sous le même toit que le clan familial et, selon un usage archaïque, les femmes sont regroupées dans une partie de la maison dissimulée derrière un rideau.

La timidité de l'adolescent, comme l'extrême violence de son désir, l'inhibent tellement qu'en présence d'une tierce personne, il est incapable de faire un pas vers Kasturbai, ni de lui adresser un seul mot. On a attribué à cette période difficile de sa vie la honte que Gandhi associa par la suite à la sexualité, et plus généralement, ses choix et déclarations souvent ultra-puritains.

Gandhi et Kasturbai
en 1922.

Une femme de caractère

La petite fille espiègle et désœuvrée qui, à treize ans, se retrouve dans le même lit que le jeune Gandhi, ne manque pas de caractère. Aussi est-il hanté par l'idée qu'elle lui soit infidèle, en même temps qu'il est ébloui par son corps souple et ses traits fins.

Il se pique donc de la modeler à l'image de l'épouse idéale, à l'entière dévotion de son mari, dont il a lu la description dans les brochures populaires en vente dans les rues de Porbandar. Il lui interdit de sortir, exige qu'elle lui rende compte de ses moindres faits et gestes. Malgré ses colères et ses menaces, Kasturbai passe outre. Elle refuse ses cours d'alphabétisation et persiste à se rendre avec ses amies au temple ou au bazar – elle adore les bijoux et les soieries de prix. Gandhi répond par l'humiliation et l'insulte. Elle, à chaque fois, lui oppose des mots brefs et bien sentis qui le renvoient à la vanité de son rêve de domination. Puis elle se mure dans le silence.

Kasturbai et ses quatre fils.

Gandhi avouera un jour : « Ma femme fut mon premier professeur de non-violence. » Mais à quinze ans, il ne sait qu'enrager, et leurs rapports deviennent si houleux qu'à plusieurs reprises, leurs parents se mettent d'accord pour que Kasturbai retourne vivre chez sa mère…

Le départ de Gandhi à Londres, la naissance de leurs quatre enfants, puis la recherche spirituelle du futur Mahatma finissent par les rapprocher, même si de nombreuses querelles et maints épisodes douloureux continueront de jalonner leur vie commune. Ainsi, en Afrique du Sud, Gandhi exige qu'au même titre que ses compagnons, Kasturbai nettoie les latrines de la communauté qu'il vient de fonder. Après un moment de violente colère, où elle pense quitter à jamais son mari, elle se plie à ce geste éminemment dégradant au regard de sa caste.

Puis, bon gré mal gré, elle suit fidèlement Gandhi dans les plus hardis de ses combats. « La chose la plus importante dans la vie, c'est de choisir une direction et d'oublier les autres », résumera-t-elle peu avant son décès, en 1943, alors qu'elle est déjà entrée dans la légende de la compagne parfaite du Mahatma, de l'épouse renonçante du saint.

Malgré des relations parfois orageuses, Kasturbai a accompagné son époux pendant soixante-deux ans.

« Le bonheur, c'est lorsque vos actes sont en accord avec vos paroles. »

Les désarrois de l'élève Gandhi

Dans l'adolescent chevelu qui, aux alentours de 1885, parcourt d'un air hagard les rues de Porbandar, impossible de pressentir le futur prophète de la non-violence. La jeunesse de Gandhi, comme celle de Bouddha, se déroule sous le signe du tourment.

Eperdument attaché aux valeurs incarnées par son père, habité par une soif obsessionnelle de vérité, mais fragilisé par ses heurts avec Kasturbai, il tombe sous la coupe d'un ami de son frère, qui attise encore sa jalousie envers sa femme, puis le pousse à enfreindre tous les tabous. Gandhi fume, commet de petits vols, se laisse entraîner au bordel.

La transgression, loin de le libérer, accroît sa souffrance. Il ne prend aucun plaisir à braver les interdits : dès son entrée dans le lupanar, il est cloué sur place, frappé d'impuissance, incapable même de répliquer à la prostituée qui l'insulte. Pire épreuve : sa famille est strictement végétarienne et il se met, en cachette, à consommer de la viande. La nuit qui suit sa première incartade alimentaire – du ragoût de chèvre – il cauchemarde, croit sentir l'animal cabrioler et gémir au fond de son estomac... Ce qui ne l'empêche pas de récidiver. Et de vivre dans une nausée perpétuelle !

Il cherche dans la religion une réponse à ses doutes. En vain. Et finit par caresser avec un cousin l'idée du suicide. Ils renoncent au dernier moment.

La maladie de Gandhi père met un terme à cette crise d'adolescence. Animé d'une sincère passion filiale, le jeune homme passe ses nuits à son chevet. Cependant, son désir pour sa femme-enfant reste si impérieux qu'il part au plus tôt la rejoindre, la réveillant pour lui faire l'amour, alors même qu'elle entame sa première grossesse. Une nuit, lors d'un de ces furtifs moments de répit, son père rend l'âme. Quelques semaines plus tard, Kasturbai accouche d'un enfant mort-né.

Des années durant, Gandhi s'accusera de ces deux morts. Mais restera aussi hanté par l'at-

A l'adolescence, Gandhi brave les interdits végétariens pour revenir par la suite à ses principes. Plus tard, il s'autorisera à boire du lait de chèvre.

trait irrésistible de l'interdit, immanquablement suivi d'un sentiment d'épouvante devant ce qu'il ressent comme une faute inexpiable. Dès cette époque toutefois, son exigence de vérité lui permet de localiser l'origine de son tourment. Selon son expression : « Les chaînes du désir. » Il ajoutera, trente ans plus tard : « J'ai mis très longtemps avant de m'en libérer… »

« Colère et intolérance sont les ennemies d'une bonne compréhension. »

Fils de l'Empire

A la mort de son père, Gandhi se retrouve investi d'une lourde responsabilité : assurer la survie de sa femme et de leur premier fils, mais aussi, selon l'usage, la subsistance de tout son clan.

On l'inscrit dans une faculté de droit pour qu'il reprenne au plus tôt le poste paternel au palais princier. Les cours y sont donnés en anglais, langue qu'il maîtrise mal. Après un premier trimestre catastrophique, un ami de ses parents, brahmane aux idées progressistes, lui conseille de se rendre en Angleterre. Le diplôme d'avocat, d'après lui, s'y obtient vite et facilement ; à son retour, il pourra jouir d'un excellent train de vie.

Bombay à la fin du XIXe siècle.

Gandhi préfèrerait devenir médecin. Son frère s'y oppose : un hindouiste ne doit pas disséquer de cadavres. Le jeune homme se laisse aisément convaincre. Ce voyage en Angleterre est l'occasion rêvée de satisfaire sa curiosité croissante pour le monde extérieur. La tradition commande qu'il obtienne la bénédiction de son oncle, qui vit à cinq jours de route caravanière. Gandhi redoute ces lents cheminements en chameau et char à bœufs sur des pistes infestées de bandits. Mais il rêve si fort de Londres que sa peur s'évapore et qu'en dépit de sa timidité, il brise les réticences de son oncle.

A son retour, stupéfaite de cet accord, sa mère lui fait barrage. Non sans raison, elle craint que son fils ne soit corrompu par les mœurs des Blancs. Il ne veut rien entendre. Elle exige alors de lui le serment qu'en Angleterre, il ne touchera ni au vin, ni aux femmes, ni à la viande. Il lui jure tout ce qu'elle veut, tandis que son frère réunit de quoi financer son billet de paquebot et trois années de séjour en Angleterre.

A Bombay, l'embarquement de Gandhi est retardé par la mousson. Les gens de sa caste ont vent de son départ imminent. Ils le somment d'y renoncer, au motif qu'il enfreint les lois

« Comment peut-on apprendre à se connaître soi-même ? Par la méditation, jamais, mais bien par l'action. »

les plus saintes de l'hindouisme. Gandhi s'entête : « La caste n'a rien à voir avec cette matière ! » Le chef de la communauté l'injurie, puis décrète : « Cet enfant sera désormais traité en paria ! » Gandhi passe outre : cette exclusion ne fait que renforcer sa folle envie de connaître l'Angleterre.

Le 4 septembre 1888, il quitte Bombay dans un état de surexcitation et de naïveté inouïs : « Je n'étais qu'un sauvageon de dix-huit ans sans aucune expérience du monde… »

Gandhi le dandy

L'arrivée de Gandhi en Angleterre est désarmante de naïveté. Alors que l'automne noie le pays dans la pluie et les brumes, il débarque en complet de flanelle blanche, tel un Anglais en poste sous les tropiques...

L'Indien chargé de l'accueillir lui fait comprendre qu'il fait fausse route et lui livre quelques codes de la société londonienne. Un monde qui, d'emblée, fait horreur à Gandhi. Mais sa conscience – qu'il appelle déjà sa « voix intérieure » – lui intime l'ordre de faire contre mauvaise fortune bon cœur en lui rappelant qu'il y est bloqué pour trois ans.

Perfectionniste comme à son habitude, le jeune Gandhi en rajoute et son culte de la dignité physique, hérité de son père, prend tout naturellement à Londres la forme du dandysme. Alors qu'il ignore encore l'usage du couteau et de la fourchette, il se pique de devenir un parfait gentleman, s'enserre héroïquement la nuque dans des cols amidonnés, arbore une chaîne de montre en or. Chez les meilleurs faiseurs de Bond Street, il achète jaquette, haut-de-forme, gilet croisé, pantalon à fines raies, chaussures vernies, guêtres, canne à pommeau d'argent, gants de chevreau. Rien ne manque à sa panoplie... sauf les fautes de goût : ainsi cette cravate multicolore qu'il assortit à une chemise de soie rayée...

Alors qu'en Inde, les miroirs ne sont en usage que chez les barbiers, il passe chaque matin de longs moments devant une glace à répéter ses nœuds de cravate et à discipliner ses cheveux rebelles selon la coiffure à la mode. Puis il prend des cours d'anglais, de français, de diction, de danse, et même de violon – il n'a pourtant aucun don musical...

Gandhi à l'âge de dix-huit ans.

« Vous devez être le changement que vous voulez voir dans ce monde. »

Londres dans les années 1890. Une ambiance toute différente de celle de l'Inde à laquelle Gandhi a du mal à s'habituer.

Au bout de trois mois, le regard consterné de ses amis et le prix extravagant des leçons lui font prendre conscience de son ridicule. Par bonheur, en bon fils de marchand, il a tenu un compte méticuleux de ses dépenses. Il lui reste assez d'argent pour poursuivre ses études. De la culture britannique, Gandhi ne retient dès lors que l'essentiel : une mise constamment impeccable, la courtoisie, le respect de l'adversaire et l'héritage de l'esprit chevaleresque du Moyen Age que les Anglais appellent « fair-play ».

Végétarien au nom de la vérité

Pour Gandhi comme pour nombre d'Indiens de son temps, la suprématie des Anglais s'explique par leur consommation de viande. Londres est donc pour lui la capitale mondiale des mangeurs d'animaux.

Très tenté de toucher à l'aliment interdit, mais ligoté par le vœu fait à sa mère, il s'en abstient avec un scrupule stupéfiant. Il ne cesse de s'enquérir des ingrédients des plats et peut parcourir quinze kilomètres pour dénicher un restaurant végétarien. D'une même voix, ses amis anglais et indiens tentent de le faire renoncer à ce serment qu'ils jugent d'un autre âge. Gandhi leurs reste sourd. Pour des raisons d'économie, mais aussi parce qu'il trouve la nourriture anglaise – choux ou petits pois mal cuits – d'une fadeur exécrable, il survit en se bourrant de pain, bouillie de flocons d'avoine et cacao – il adore le goût du chocolat et ne cesse de vanter ses vertus tonifiantes.

> « On peut juger de la grandeur d'une nation par la façon dont les animaux y sont traités. »

Puis il découvre un groupe d'adeptes anglais du végétarisme. Leurs discussions le passionnent. Il n'a pas oublié sa vocation contrariée de médecin et y apporte des contributions très assidues. Il s'y fait ainsi nombre d'amis, qui lui font intégrer le comité exécutif de leur société. Lors de ses débats – d'interminables discussions pour déterminer si un végétarien peut ou non consommer du poisson ou du cake à l'œuf... – Gandhi prend aussi ses premières leçons de politique, en même temps qu'il réalise l'importance de l'hygiène dans la cuisine. Puis il se lance dans des expériences de diététique. Après avoir accepté de consommer des œufs, il y renonce, malgré son goût tout neuf des sauces et des pâtisseries. Durant des décennies, Gandhi s'abstiendra aussi de boire du lait.

Il ne rompra ce vœu qu'à la cinquantaine, après une grave infection intestinale, en décidant de se soigner au lait de chèvre. Son vieux serment, plaidera-t-il, ne concernait que le lait de vache. Dès lors, où qu'il aille, paquebot, palais du gouverneur ou hameau du fin fond de l'Inde, il se déplacera en compagnie d'une chèvre...

Même si, à Londres, l'étudiant Gandhi ne pratique pas encore le jeûne, ses choix diététiques sont déjà la plate-forme d'une visée spirituelle : par la maîtrise du corps, accroître au maximum sa liberté d'esprit. Et vivre ainsi au plus près de la vérité.

Gandhi accompagné de Mirabehn (au centre) et de Pandit Madan Mohan Malviya (à droite) à Londres en 1931 à l'occasion du Dairy Show au Royal Agricultural Hall. A ce moment de sa vie, le Mahatma ne se déplace pas sans ses chèvres.

Avocat sans cause

Lors de sa première prise de parole à la Société Végétarienne, Gandhi se découvre un lourd handicap pour qui se destine à la profession d'avocat : sa timidité le rend incapable de parler en public. Il s'aperçoit aussi que ses études de droit ne sont guère sérieuses. Tous les candidats ou presque sont reçus, sans avoir à fournir de vrais efforts.

Scrupuleux, Gandhi se contraint à étudier le droit romain dans sa langue d'origine, le latin et, au prix du même dur labeur, le droit coutumier anglais. Mais peu avant son retour au pays natal, un compatriote lui fait remarquer qu'il lui manque l'essentiel, la connaissance de l'Histoire de l'Inde. Et, plus précieuse encore, celle de la nature humaine. A son retour à Bombay, en 1891, Gandhi mesure la justesse de ces remarques : il peine à trouver des clients.

Parallèlement, comme il s'obstine à copier le mode de vie anglais, son train de vie ne cesse de croître. La corruption de la justice locale le révulse. Pour survivre, il doit s'y faire : il est proche de la ruine. Il étudie la loi traditionnelle hindoue, sans plus de succès. Il est d'autant plus déprimé que sa mère est morte durant son séjour à Londres. Après la naissance d'un nouveau fils, il redouble de disputes avec sa femme.

> « La démocratie devrait assurer au plus faible les mêmes opportunités qu'au plus fort. »

Sur les conseils de son frère, il tente alors de renouer avec un ami anglais en poste à Porbandar, qu'il a rencontré à Londres. Loin de le secourir, l'autre l'éconduit sans ménagements. La sympathie qu'il lui avait manifestée en Angleterre n'est plus de mise en Inde... Première rencontre avec le racisme, première révolte : Gandhi lui adresse une lettre de protestation... ce qui redouble la colère de l'Anglais. Cette fois, même s'il avale l'insulte, Gandhi est grillé. Son frère vient encore à sa rescousse en lui décrochant un contrat d'un an dans une firme d'Afrique du Sud. Il n'aura pas à plaider, seulement à débrouiller des dossiers de droit commercial, et voyagera en première classe.

Soulagé, flatté, et toujours aussi curieux du monde, Gandhi accepte dans la seconde. Il ne sait toujours pas s'exprimer dans un prétoire, encore moins improviser. Depuis l'Angleterre, il a tout juste appris à compenser sa parole hésitante par un verbe resserré à l'extrême et le sens de la formule-choc.

2 LE JUSTICIER D'AFRIQUE DU SUD

En Afrique du Sud, Gandhi exerce le métier d'avocat. C'est à l'occasion d'un événement d'apparence anodine qu'il ouvre les yeux sur le racisme subi par les Indiens et les peuples autochtones, et que sa vocation se précise : défendre les opprimés et se battre pour l'égalité. Au fil des années, son chemin spirituel se poursuit et son action s'organise.

Au pays de l'Apartheid

A son arrivée à Durban, Gandhi s'aperçoit que son riche employeur, malgré son influence, essuie en permanence le mépris des Blancs, au même titre que la masse des immigrés indiens recrutés pour l'exploitation des mines et plantations d'Afrique du Sud. Ils sont indifféremment traités de « coolies » – « bons pour la corvée ».

Lui-même, Gandhi, n'est pour eux qu'un « avocat-coolie ». Lors de ses déplacements, il est exclu sans pitié des bons hôtels, exclusivement réservés aux Occidentaux. Pour avoir emprunté un trottoir interdit aux « nègres », comme on appelle là-bas les gens de couleur, il reçoit une volée de coups de pied. Les coiffeurs blancs refusent de lui couper les cheveux. Lors de sa première visite au tribunal, le juge exige qu'il ôte son turban, jugé déplacé avec son costume européen. Gandhi préfère quitter les lieux plutôt que d'y renoncer, puis il adresse aux journaux une lettre ouverte de protestation.

Si certains lecteurs le condamnent, les autres sont ébranlés. Gandhi le timide prend ainsi conscience de l'impact des media et, dès lors, s'affiche en permanence avec son turban. Défi ouvert au pouvoir en place, qui le traite de « visiteur indésirable ».

Mais c'est dans une minuscule gare d'altitude, à Maritzbourg, la nuit du 7 juin 1893, que se déroule l'incident qui le transforme définitivement en militant de l'égalité. Il voyage en première classe. Un Blanc pénètre dans son compartiment et le somme de déguerpir. Gandhi, à son habitude, refuse poliment. L'autre va chercher un employé, et, aux termes des lois en vigueur, exige qu'il se laisse reléguer dans le fourgon du train. Gandhi refuse encore. Un policier intervient, qui le précipite violemment sur le quai. C'est l'hiver ; il doit passer la nuit, frigorifié, sur un banc de la salle d'attente. Nuit d'insomnie et de révélation. Gandhi comprend que l'injustice dont les Indiens sont victimes n'est que le symptôme d'un fléau bien plus ravageur : les Blancs sont sincèrement convaincus d'appartenir à une race supérieure.

> « Dès que quelqu'un comprend qu'il est contraire à sa dignité d'homme d'obéir à des lois injustes, aucune tyrannie ne peut l'asservir. »

Plus de timidité, dès lors, plus de complexes. Le peu d'estime que Gandhi éprouvait pour lui-même se volatilise. Il a trouvé sa vocation : se vouer corps et âme à la lutte pour l'égalité.

Gandhi en 1913, posant devant l'enseigne de son cabinet d'avocat en Afrique du Sud.

Bibliothèque de la sainteté

Vingt ans durant, le combat de Gandhi en Afrique du Sud se nourrit de lectures. Les chrétiens qui cherchent à le convertir sont souvent à l'origine de ses découvertes. Il se laisse guider avec une docilité de façade : l'Ancien Testament, qu'il a lu à Londres, ne l'a guère enthousiasmé.

Il lui préfère les Evangiles, surtout le Sermon sur la Montagne dont la formule : « Si quelqu'un te frappe la joue droite, présente-lui la joue gauche » préfigure sa propre philosophie. Mais son livre de chevet demeure le texte le plus sacré de l'hindouisme, la Bhagavad Gita, elle aussi fondée sur la non-violence.

« Les religions sont comme des routes différentes convergeant vers un même point. Qu'importe que nous empruntions des voies différentes, pourvu que nous arrivions au même but. »

Gandhi est de plus en plus convaincu que Dieu se manifeste partout dans la Nature. Il prend pour devise un de ses versets : « Ne te soucie que de l'acte. Pas de ses fruits. » Grâce à l'essai d'un Anglais épris de l'Inde, Edwin Arnold, il entrevoit aussi dans ces pages connues depuis l'enfance des perspectives poétiques insoupçonnées. A mesure des humiliations, il intériorise enfin l'enseignement central de ce texte : on ne trouve la vérité qu'en se détachant du désir. Puis il le confronte à ses lectures sur les vies de Bouddha, Jésus, Mahomet.

Mais le jour où une amie chrétienne veut lui démontrer la supériorité du Christ, il lui rétorque que l'amour selon Bouddha concerne toutes les créatures, et non, comme dans sa religion, les seuls humains. Puis dans la foulée, il se pique de convertir son rejeton au végétarisme, à l'horreur de la mère...

Réalisant son faux-pas, il préfère prendre ses distances avec les chrétiens pour se concentrer sur l'œuvre de son écrivain-fétiche, Tolstoï, notamment l'essai *Le royaume de Dieu est en vous* où le romancier russe dénonce la guerre et demande de la combattre par la résistance passive. Puis, jamais rassasié de lectures, Gandhi se remet en quête de textes qui le soutiennent dans sa lutte contre l'injustice.

C'est ainsi qu'en 1904, dans un train qui roule entre Johannesburgh et Durban, il tombe sur le pamphlet *Jusqu'au dernier*, où John Ruskin dénonce l'aliénation de l'homme par la société industrielle. Dans la nuit qui suit, exalté par son éloge du travail manuel et ses idées altermondialistes avant l'heure, Gandhi décide de les appliquer : pour lui, une pensée ne vaut que si elle est confrontée à l'épreuve du réel.

Krishna jouant de la flûte. Illustration de la Bahagavad Gita, partie centrale du poème épique du Mahâbhârata contant l'histoire de Krishna et d'Arjuna, un prince guerrier en proie au doute et qui refuse la bataille car elle entraînera la mort de plusieurs membres de sa famille.

Profession : agitateur

Aux lendemains de l'incident de Maritzburg, Gandhi propose à tous les Indiens de s'unir pour défendre leurs droits, sans distinction de caste ni de religion. Mais comme parallèlement, il a brillamment dénoué le conflit commercial de son patron, il songe à rentrer en Inde.

C'est alors que les Blancs décident de retirer leurs libertés civiques aux Indiens, tout en les accablant d'impôts pour mieux les oppresser. Ses amis lui demandent de s'attarder un mois de plus. En quelques semaines, il abat un travail colossal : il fédère tous les Indiens dans la même organisation, alerte la presse indienne et britannique et parvient à réveiller les opposants qui, en Inde, rêvent de chasser les Anglais...

Puis il lance des pétitionnaires sur les routes et engage une campagne de souscription. Même succès. Du coup, il va chercher sa famille en Inde pour la ramener en Afrique du Sud, où il compte s'installer définitivement. Mais à son retour, les Blancs lui font essuyer des avanies sans nombre, du bombardement d'œufs pourris à la tentative de lynchage.

« En opposant la haine à la haine, on ne fait que la répandre, en surface comme en profondeur. »

Ces agressions, loin de le décourager, le stimulent : en 1906, lorsque le gouvernement du Transvaal, aux termes de la « Loi Noire », veut contraindre les Indiens à se faire ficher et à enregistrer leurs empreintes digitales, il réussit à rassembler trois mille des siens au Théâtre Impérial de Johannesburgh. Et il les galvanise si bien que, dans cette foule d'abord vengeresse, chacun, riche ou pauvre, jure de ne jamais plier devant la loi scélérate et accepte de respecter son principe de combat : la non-violence. Pour ce tout neuf mouvement, Gandhi invente un slogan : « Satyagraha », « La force de la vérité ».

Il est plusieurs fois arrêté. Lors d'une de ces incarcérations, il découvre l'œuvre de l'Américain Thoreau et son principe de désobéissance civile : répondre par le boycott à la violence d'Etat. Il l'applique, en 1913, à la tête de milliers d'Indiens grévistes, en organisant sa première marche pacifique contre l'oppresseur blanc. Une fois encore, sa méthode paye. C'est par hasard qu'il s'est découvert cette vocation d'agitateur professionnel. Mais il a mis au point une méthode de combat si efficace qu'on commence à parler de lui dans le monde entier.

Gandhi pendant la campagne « Satyagraha », ou voie de la vérité fondée sur la non-violence par la désobéissance civile, en 1913.

Premières prisons

Sur les soixante-dix-neuf années de sa vie, Gandhi en a passé six en prison, et c'est en Afrique du Sud qu'il en fait l'expérience pour la première fois : deux cent quarante-neuf jours au total, dans des conditions souvent atroces. Loin de se laisser accabler, il prend l'incarcération comme l'occasion rêvée d'un exercice mental : éprouver sa fermeté d'âme.

Le gouverneur britannique d'Afrique du Sud, Jan Smuts (1870-1950).

Ainsi, en 1907, déféré au tribunal après la révolte contre la loi Noire, il plaide coupable et, en tant que meneur, exige d'être lourdement châtié. Il n'est condamné qu'à deux mois de prison mais dès lors, tous ses compagnons de lutte rivalisent pour se faire eux-mêmes emprisonner, en dépit du traitement particulièrement sévère qui les attend.

Le principe de la résistance passive connaît alors son premier succès. Débordé par ces prisonniers quasiment volontaires, le gouverneur britannique, Smuts, finit par craquer. Sans préavis, il libère Gandhi, qui se retrouve dans ses haillons de prisonnier sous les dorures d'un monumental bureau, face à un grand de ce monde réduit à l'impuissance. Avec une habileté consommée, Gandhi lui offre un pacte qui lui sauve la face : le fichage des Indiens sera maintenu, mais à titre volontaire. Autant dire qu'il est aboli... Gandhi est libéré sur-le-champ et, comme il n'a pas un sou pour rentrer chez lui, Le gouverneur doit lui payer son billet de train...

Un an plus tard, arrêté à la frontière du Transvaal, il passe un plus mauvais quart d'heure : il est enfermé avec des meurtriers particulièrement sadiques et crapuleux. Réfugié dans la lecture de sa chère Gita, il leur en impose par son impassibilité. Enfin rejoint par ses compagnons de lutte, il entretient dans leur groupe, malgré ses maux de dos, un entrain si communicatif qu'il parvient à leur faire oublier l'omniprésence de la vermine et leurs propres maladies. Du même coup, ils sont ranimés dans leur volonté de résister aux Blancs.

Gandhi face aux policiers en tant que meneur de la grève des mineurs en 1913 manifestant contre l'Immigration Act.

Mais lors de la grève des mineurs de 1913, l'épreuve est encore plus dure : Gandhi doit casser des pierres pendant des jours avant d'être enfermé dans une cellule aveugle, avec l'obligation d'un mutisme absolu. Soutenu par une obstination phénoménale, il ne dévie jamais de sa ligne : « Le vrai chemin du bonheur, c'est d'aller en prison et de subir souffrances et privations dans l'intérêt de son pays et de sa religion. »

« S'abstenir de punir n'est pardon que quand il existe le pouvoir de punir. »

La doctrine non-violente

Gandhi n'est pas l'inventeur de la non-violence. Le concept d'*ahimsa* – « absence de volonté de nuire » – remonte aux temps les plus anciens de l'hindouisme. Au VIe siècle avant J.-C., il fut notamment défendu par Mahavira, fondateur de la religion jaïn, puis par son quasi-contemporain Bouddha, qui en fit le devoir essentiel de ses disciples.

Le père de Gandhi lui-même avait été très marqué par les Jaïns de Porbandar. En Afrique du Sud, quand Gandhi découvre que Jésus a placé « Tu ne tueras point » au premier rang des commandements, il y voit l'écho des sages qui avaient peuplé les temples de son enfance.

Mais en bon propagandiste, dès ses premiers meetings, il tient à rendre son message accessible à tous. « La non-violence est l'amour pur et sans limites », dit-il. D'autres jours, il la définit plus doctement comme l'absence totale de malveillance envers tout ce qui vit – forme passive – et la bienveillance envers les plus infimes vivants – forme active. De façon plus discutable, il voit la femme comme sa plus brillante illustration, « grâce à son aptitude illimitée à souffrir »…

« La non-violence est mon premier article de foi. C'est aussi le dernier article de mon credo. »

Ailleurs, il confond la non-violence avec Dieu et la Vérité, ou la présente comme « l'extrême forme de l'humilité », voire le simple refus de supprimer la vie. Il reconnaît toutefois que l'existence humaine s'accompagne nécessairement d'agressions contre le vivant : il faut bien manger ! Et même végétarien, on avale sans cesse de la vie microscopique… L'essentiel, souligne-t-il, est de réduire ces atteintes au minimum et de faire preuve de compassion envers ses frères humains. Ennemis compris…

Ainsi, il explique la cruauté des Blancs d'Afrique du Sud par le matraquage idéologique dont ils sont victimes, et leur peur panique de perdre leurs biens. Dans ce contexte, la lutte non-violente, en douceur, leur fera prendre conscience de leur erreur. Mais pour Gandhi, le pacifisme béat est une faiblesse aussi néfaste que la vengeance ; et il ne cache pas à ses compagnons que la force intérieure, plus efficace que bombes et fusils, s'acquiert au prix d'un long travail sur soi. Non content de leur servir d'exemple, il veut donc leur offrir un cadre idéal pour qu'entre deux combats, ils opèrent en eux-mêmes cette patiente et difficile transformation.

Prêtres versant de l'eau sur la tête de Mahavira, fondateur de la religion jaïn.

Premières communautés

Vers l'âge de trente ans, Gandhi est tenté de vivre en communauté. Le dandy qui se ruinait à copier les Anglais est saisi par la fièvre de l'austérité. Lors de ses premiers succès, on l'a couvert de cadeaux somptueux.

Il a ainsi reçu, pour sa femme, un superbe bijou d'or. Malgré la réticence de Kasturbai, il le vend au profit de son organisation de résistance et proclame : « L'idée de servir comporte en soi sa récompense ! » Il apprend à laver son linge lui-même et contraint ceux qui vivent sous son toit à vider à tour de rôle les vases de nuit.

Parfois au mépris du principe de non-violence : un jour où Kasturbai manifeste son dégoût à vider les excréments d'un Intouchable, il la précipite contre la grille de leur maison… Puis, en 1904, après avoir lu le pamphlet de Ruskin contre la société du profit, il vend tous ses biens, pour acheter, avec l'Européen qui lui a fait découvrir cet ouvrage, un grand terrain planté d'arbres fruitiers et doté d'une bonne source. Il y transfère, sous quelques tôles ondulées, l'imprimerie de son journal militant, *Indian Opinion*, puis y fonde la Colonie de Phénix, sa première communauté. Il donne l'exemple de la frugalité en se nourrissant exclusivement d'arachide crue, citrons, bananes, dattes et huile d'olive.

> « Si chacun ne conservait que ce dont il a besoin, nul ne manquerait de rien, et chacun se contenterait de ce qu'il a. »

Malgré tout, en 1910, les fonds viennent à manquer. Un autre Européen, Kallenbach, lui offre alors le financement d'un nouvel établissement, la Ferme Tolstoï. Tous deux choisissent d'y réunir Occidentaux et Orientaux, familles hindoues, chrétiennes, musulmanes et même zoroastriennes – la religion ancienne des Perses.

Le régime est strictement végétarien. En plus des jeûnes fréquents, chacun observe le Ramadan. Avec Kallenbach, qui a séjourné chez les moines trappistes, Gandhi apprend comment fabriquer ses sandales. Il cuit lui-même son pain, découvre les vertus des cataplasmes à base de terre, multiplie les expériences diététiques. Elles débouchent sur la rédaction d'un guide de santé qui fait un tabac en Europe comme en Inde. Enfin, Gandhi prend en charge l'éducation des jeunes. Formation du caractère, apprentissage des langues, direction spirituelle, jardinage, il assume presque tout. Et quand les enfants se rebellent contre cette vie monacale, il passe des heures à tenter de les raisonner…

Hermann Kallenbach (avec le chien) et Gandhi dans le verger de la Ferme Tolstoï.

Le vœu de chasteté

Dès son séjour à Londres, Gandhi s'est intéressé à la limitation des naissances. En 1900, à la naissance d'un quatrième fils, il décide, par souci d'économie, de ne plus avoir d'enfants.

Mais sa sexualité reste impérieuse, et sa méthode de contraception archaïque : le lit à part… Il ne tient pas longtemps. Il s'oblige alors à ne jamais gagner son lit sans être abruti de fatigue – en vain. Il rêve alors de se ligoter par un serment de chasteté public et solennel, mais de peur de faillir, n'ose franchir le pas.

> « L'homme est soumis à l'obligation de se laisser guider dans toutes ses actions par des considérations morales. »

Cependant, au fil des mois, cette visée pragmatique se nourrit d'un cheminement spirituel : Gandhi se souvient de la vieille et tenace tradition indienne des « vanaprashtas », des hommes qui, après avoir assuré leur descendance, renoncent à toute vie sexuelle pour consacrer exclusivement leur énergie à la recherche de la vérité et à l'amour des autres.

Pour autant, il désespère de pouvoir les imiter et ce sont les événements, une fois de plus, qui décident pour lui. Lors du soulèvement des Zoulous, en 1906, il s'engage comme ambulancier et passe six semaines harassantes sur le théâtre des affrontements, à récupérer les Noirs martyrisés sous les fouets et les balles des Blancs. Les médecins anglais les abandonnent à leurs souffrances. Lui les soigne. Lors de ces veilles au chevet des Zoulous dans la poussière et la puanteur, il réalise soudain que son souhait le plus cher est de se dévouer aux autres. Une vocation rigoureusement incompatible avec la vie de famille et la procréation.

Il se décide alors à faire vœu définitif d'abstinence et, sitôt rentré chez lui, l'annonce à sa femme. Sans doute traumatisée par ses premières années de mariage, Kasturbai, pour une fois, ne formule aucune objection… Les jours suivants, Gandhi découvre avec stupeur qu'il n'éprouve plus de désir pour elle : « Je n'avais pas connu joie et liberté pareilles… La chasteté n'était pas stérile mais féconde, mère des enfants de la joie. »

Dès lors, il prône l'abstinence sexuelle comme la plus sûre méthode pour parvenir à la non-violence. Il ne rompra jamais son vœu et estimera jusqu'au bout cette maîtrise de son corps comme le plus grand succès qu'il ait jamais remporté.

Gandhi
lors du soulèvement
des Zoulous en 1906.

Gandhi face à la guerre de 14

A son retour en Inde en 1915, Gandhi a déjà participé à trois guerres : la guerre des Boers en 1899 et le conflit avec les Zoulous de 1906, qui lui ont valu des médailles de l'Empire ; enfin la Première Guerre mondiale.

Il est en route pour Londres quand il apprend, en pleine mer, le drame de Sarajevo. Il adopte d'emblée une position légaliste : comme les Indiens sont sujets de l'Empire, ils se doivent de défendre les Anglais. Chez tous ceux qu'il a gagnés aux principes de la non-violence, la contestation est immédiate. Les Indiens ne sont pas des sujets mais des esclaves, s'exclament-ils, et ils doivent profiter de la guerre pour leur arracher la liberté à leurs colonisateurs.

La guerre des Boers désigne les deux conflits (1880-1881 et 1899-1902) opposant les Britanniques et les colons d'origine néerlandaise. Les Anglais en sortent vainqueurs, obligeant leurs adversaires à renoncer aux deux républiques qu'ils avaient créées.

Gandhi, à l'époque, se croit intégré à la société britannique. Il estime que les agressions racistes subies par ses compatriotes sont le fait d'individus isolés, et juge qu'il ne serait pas fair-play de profiter du désarroi des Anglais pour réclamer l'indépendance... Et quand on lui demande de justifier comment, lui, le chantre de la non-violence, va pouvoir s'accommoder des horreurs de la guerre, il développe des argumentations toutes plus alambiquées.

La vie se nourrit de vie, plaide-t-il, le contact avec l'extrême violence va nous aider à faire grandir en nous-mêmes les forces de compassion, la vie en société ne va jamais sans violence ; et puisqu'il n'arrive pas à arrêter la guerre, il se doit de délivrer son pays des agresseurs allemands... Il rejoint donc, à Londres, un corps d'ambulanciers.

Malgré ses beaux raisonnements, il est sans doute déchiré entre sa volonté de fidélité à l'Empire et son exigence de vérité : il s'arrange très vite pour lancer un mouvement non-violent

Gandhi et le Corps des ambulanciers indiens pendant la guerre des Boers en Afrique du Sud, en 1899.

en miniature contre un supérieur exagérément arrogant... Les militaires anglais déploient aussitôt l'entier arsenal de leur dispositif de répression, et Gandhi n'y aurait pas échappé si une pleurésie ne l'avait soudain mis hors jeu. Il regagne l'Inde. Des années plus tard, il relate cet épisode avec amertume. Tout en maintenant son argumentation sur la guerre, il reconnaît son erreur et l'explique par l'admiration aveugle qu'il éprouvait alors pour la grandeur de l'Empire.

« Par sa nature même, la vérité porte l'évidence en soi. Dès qu'on la débarrasse des toiles d'araignée de l'ignorance, elle brille avec éclat. »

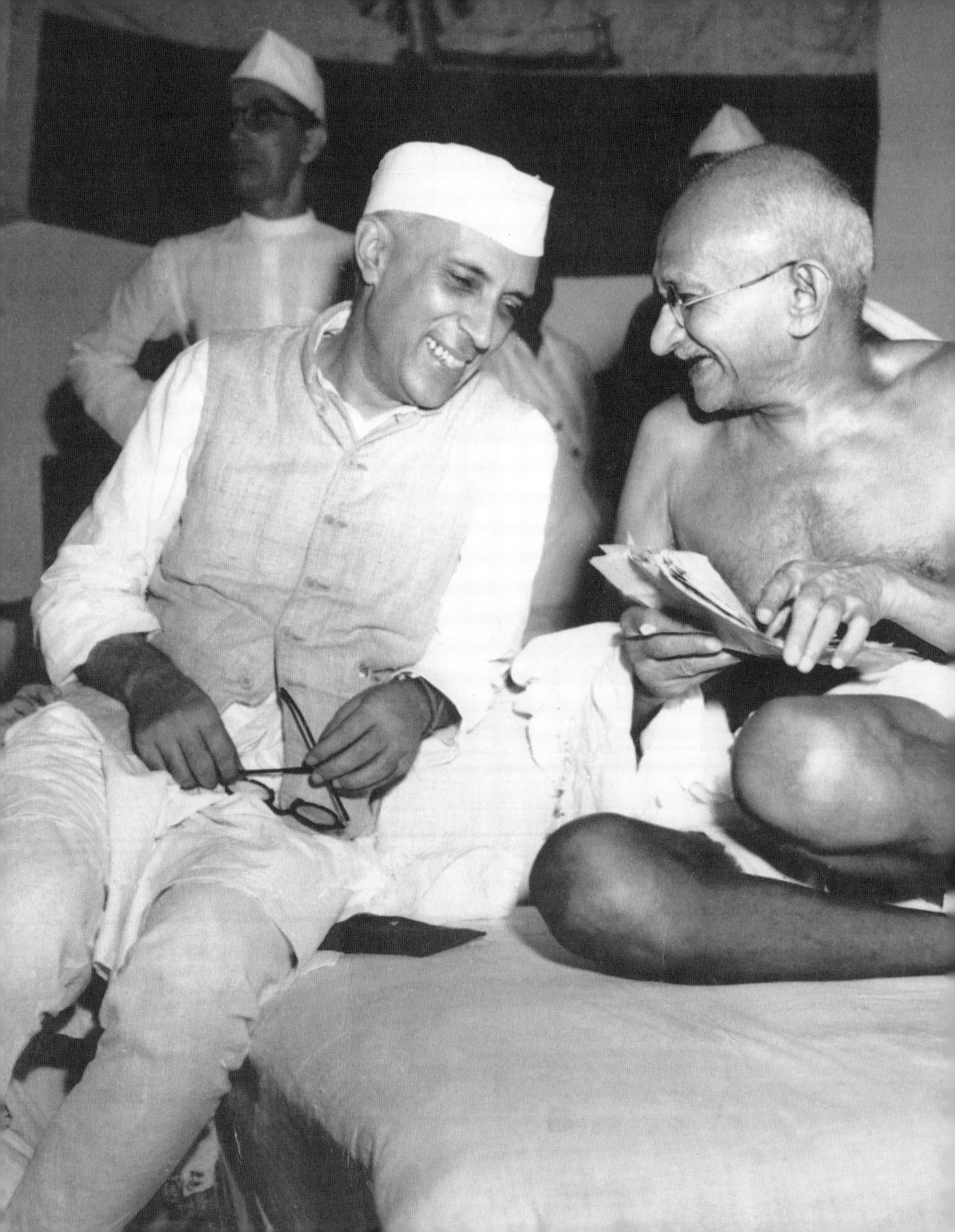

3 LE MAHATMA

De retour en Inde, Gandhi parcourt le pays et prend conscience de l'ampleur de la pauvreté et de l'injustice sociale. Désormais, l'action de celui que l'on nomme « Mahatma » (Grande Ame) est entièrement tournée vers une idée centrale : guider l'Inde sur la voie de l'Indépendance, de façon pacifique, dans un rêve d'unité et d'harmonie entre les peuples.

Un Empire d'oppresseurs

Durant son long séjour en Afrique du Sud, Gandhi est retourné deux fois en Inde, sans mesurer dans son horreur l'oppression subie par les siens. Mais à quarante-six ans, transformé par deux décennies de combats et de quête spirituelle, il ouvre définitivement les yeux. L'Inde impériale n'a pas changé, sauf sur un point : l'effort de guerre enrichit les plus riches tandis que les pauvres se font encore plus misérables.

« Personne ne peut être activement non violent et ne pas s'insurger contre l'injustice sociale, quel que soit le lieu où elle se manifeste. »

Au-dessus d'une masse d'Indiens faméliques, quelques millions de petits bourgeois s'échinent à singer les Anglais comme lui-même naguère. Quant à la minorité d'intellectuels indépendantistes, ils sont réduits à l'impuissance par la poigne de fer d'Anglais ultra-conservateurs, persuadés de leur supériorité de Blancs, comme de l'excellence de la morale et de la culture britanniques. Le racisme est leur mode de gouvernement préféré. Ils le pratiquent au quotidien dans une absolue bonne conscience. Leurs répressions sanglantes s'exercent sans le moindre état d'âme.

Et leur devoir accompli, ils rentrent dans leurs jardins, clubs et blanches villas des quartiers chics, où, entre cocktails, thés, bals, chasses à dos d'éléphant, matchs de golf ou de cricket, beuveries et intrigues amoureuses plus ou moins sordides, ils tentent de refouler leur peur secrète des Indiens et leur terreur de succomber aux maladies tropicales – le paludisme, notamment, fait des ravages.

Le symbole achevé de cet univers coupé du réel est, à Delhi, le monumental palais du vice-roi. Un parc si vaste qu'il requiert plus de jardiniers que Versailles ; des façades et un dôme taillés dans les mêmes marbres précieux que le légendaire Taj Mahal, trois cent cinquante pièces reliées par des couloirs si longs que les domestiques, pour servir les Anglais, doivent utiliser des vélos...

A la saison chaude, le gouvernement transfère ses bureaux et ses fastueuses réceptions dans la station d'altitude de Simla, sur les contreforts de l'Himalaya. Les Anglais y transportent aussi leur morgue. De part et d'autre de la cathédrale, l'avenue centrale est briquée avec le même soin que les marbres du palais de Delhi. Tout Indien qui s'y aventure est chassé sans ménagement, quand il n'est pas roué de coups, voire jeté en prison...

Palais du vice-roi à Delhi, coupé du quotidien des Indiens.

Un nomade inspiré

Les succès de Gandhi en Afrique du Sud l'ont fait remarquer de Gokhale, éminent politicien du Congrès, le parti où s'expriment les revendications des Indiens. Gokhale lui fait jurer de ne pas entreprendre d'action politique avant d'avoir parcouru le sous-continent pour écouter et étudier les gens du peuple.

« Chacun a raison de son propre point de vue, mais il n'est pas impossible que tout le monde ait tort. »

Gandhi se soumet. Une partie de la communauté de la Ferme Tolstoï l'a suivi en Inde et s'est regroupée au Bengale autour du poète Tagore. Il la rejoint dans son nouveau costume : une chemise et le dhoti – le pagne dont se drapent les Indiens les plus pauvres. A la mort de Gokhale, il retraverse l'Inde de part en part, puis se rend en bateau à Rangoon dans des conditions d'hygiène effroyables, avant de retourner en train à Calcutta et d'enchaîner sur un pèlerinage dans l'Himalaya, en partie à pied.

Au fil de ses pérégrinations, sa célébrité grandit. Comme Tagore, chacun l'appelle désormais « Mahatma » (« Grande Ame »). Il ne se laisse pas tourner la tête. Des mois durant, avec Kasturbai, il continue à sillonner les campagnes en troisième classe, parfois même en wagon de marchandises ou en fourgon à bestiaux, au mépris de la crasse, des compartiments archi bondés, des rixes entre les voyageurs, des moussons, des épidémies – la peste infeste encore certains états.

Il essuie quotidiennement les avanies réservées aux pauvres et il lui arrive d'avoir les pieds brûlés par le plancher de fer des wagons surchauffés par la canicule des plaines indiennes. Mais à chaque étape, on accourt pour le rencontrer : il est à l'unisson de ces populations inchangées depuis des siècles. Profondément, c'est un paysan – entêtement compris ! – et il ne se sent jamais aussi heureux qu'au contact de la myriade de villages qui constitue l'Inde.

On attend parfois son apparition pendant des heures, avec une telle ferveur que sa popularité finit par inquiéter les Anglais. Il y a de quoi ; comme l'observe Nehru, qui le rencontre peu après : « Il attirait les gens comme un aimant. » Par la suite, quand Gandhi traversera un moment de doute, il reprendra, au propre comme au figuré, son bâton de pèlerin, fidèle à l'homme qu'il fut à l'aube de ces années vingt : un nomade inspiré.

Tagore prononçant un discours de bienvenue pour Gandhi et Kasturbai à Amra (Bengale).

Inventaire d'une société bloquée

Trois cent millions d'Indiens divisés par leurs castes et leurs religions : au fil de ses voyages, tel est le premier blocage que constate Gandhi. Mais il s'aperçoit aussi que les Anglais les maintiennent sous leur joug avec seulement deux mille administrateurs, soixante mille hommes de troupe et deux cent mille soldats indigènes souvent peu expérimentés. L'extrême misère des Indiens est donc le premier allié de l'occupant.

Famines et épidémies ne cessent de ravager l'Inde. Dans les bidonvilles, la ration alimentaire quotidienne équivaut à celle que les nazis, vingt ans plus tard, assigneront aux déportés. Mendiants et lépreux sont légion, tandis que des maharajahs richissimes étalent sans vergogne un luxe d'un autre âge, collections de joyaux, troupeaux d'éléphants caparaçonnés d'or massif, Rolls plaquées d'argent, chemins de fer privés... Un de ces potentats offre un jour une fête pour les noces de ses chiens : son coût aurait suffi à nourrir douze mille de ses sujets pendant un an...

Les bidonvilles indiens contrastent avec l'opulence des maharajahs.

Même si certains féodaux s'efforcent de moderniser leurs états, fondent des écoles gratuites, ouvrent des centres scientifiques de renom ou interdisent la polygamie, ils se complaisent le plus souvent dans leur mode de vie archaïque et extravagant, sous l'œil bienveillant des Anglais, qui récompensent leur fidélité en les couvrant de décorations flatteuses, quand ils n'excitent pas leurs rivalités dans cette course aux honneurs vains.

Mais ce qui choque le plus Gandhi demeure le sort des Intouchables. Dans la communauté qu'il fonde près d'Ahmedabad en 1915, il en fait lui-même l'amère expérience, quand il y

« Que nous devions obéir à toutes les lois, qu'elles soient bonnes ou mauvaises, est une invention récente. »

Gandhi s'occupant d'un lépreux dans les années quarante.

accueille une famille de parias. Non seulement Kasturbai et les autres femmes ont le plus grand mal à museler leurs préjugés, mais les donateurs qui financent la communauté lui coupent les vivres... Il est au désespoir quand un notable vient frapper à sa porte et, comme dans un conte, lui annonce qu'il lui rendra à nouveau visite le lendemain à la même heure.

De fait, le lendemain, la voiture de l'inconnu se présente. Les enfants courent porter la nouvelle à Gandhi, qui se précipite à la porte. L'homme n'entre pas, il se contente de fourrer dans ses mains, sans un mot, une énorme liasse de billets. La communauté est sauvée et Gandhi y voit évidemment la marque que Dieu approuve ses analyses et son combat.

Les raisons d'espérer

Gandhi est un homme positif. En dépit de son mysticisme, il ne s'en remet pas à l'au-delà hindouiste des réincarnations, ni au Paradis musulman ou chrétien pour promettre à ses semblables un sort meilleur. Il veut transformer de fond en comble leur vie en ce bas-monde. Après l'inventaire des blocages de l'Inde, il a dressé le catalogue des raisons d'espérer.

« Il y a assez de tout dans le monde pour satisfaire aux besoins de l'homme, mais pas assez pour assouvir son avidité. »

Pour commencer, les terres immenses du sous-continent, souvent très fertiles, en dépit de sécheresses et moussons parfois catastrophiques. Ensuite, une paysannerie qui produit des matières premières d'excellente qualité, surtout dans le domaine textile – coton, soie, jute. Un artisanat immémorial et très diversifié, condition essentielle pour assurer l'autosuffisance. Une civilisation elle-même millénaire, source d'approfondissement spirituel constant. Enfin, une élite instruite, regroupée dans le parti du Congrès, à qui il ne manque qu'une ligne précise et une méthode de combat.

Même si les Britanniques ont complaisamment attisé les divisions de la population, Gandhi estime aussi que le pays peut encore se rassembler autour d'un même idéal national, celui de la « Mère-Inde », toujours intact malgré l'oppression anglaise. D'après lui, il suffit de restituer aux Indiens leur dignité humaine et économique.

Dès 1909, dans son essai polémique *Hind Swaraj*, il avait démontré qu'une des raisons de la misère croissante de ses compatriotes était l'exportation massive de leurs matières premières textiles en Angleterre. Elles y étaient transformées sur des machines ultra-performantes, puis réexportées vers l'Inde sous forme de vêtements occidentaux, ce qui ruinait l'économie locale.

Dix ans plus tard, il a compris qu'après la théorie, il est temps de passer aux actes. Il s'y prend méthodiquement et met à profit son expérience d'avocat pour s'assurer le contrôle de journaux influents, puis prend en main l'organisation du Congrès, assainit ses finances, réforme ses statuts, avant d'en devenir l'un des leaders. Son charisme réveille toutes les énergies, alors même qu'il dévoile à ses compagnons la dureté des épreuves qui s'annoncent – la prison, peut-être la mort. Loin de les accabler, chaque mot du Mahatma les galvanise : désormais, rien ne saurait les arrêter.

La paysannerie est pour Gandhi l'une des grandes richesses de l'Inde.

L'Inde rêvée du Mahatma

Gandhi pose comme préalable que son peuple ne pourra secouer le joug britannique qu'en changeant de mode de vie. En commençant par pratiquer hygiène et propreté ! Ainsi, à son arrivée dans la communauté de Tagore, quand il constate la saleté des cuisines, il renvoie les employés d'autorité, sans prendre l'avis du poète, et impose au groupe son ordre militaire.

« Le plus curieux, narre un témoin, c'est que chacun lui obéit dans l'heure. » Gandhi définit aussi son idéal de société : une communauté à l'image des cinq cent mille villages indiens, centrée sur le divin et le cycle des saisons, affranchie des tares de la société industrielle comme de la technologie moderne – il juge toute machine « satanique ».

Chacun de ces villages sera une mini-démocratie autonome et autosuffisante. Un « royaume de Dieu sur terre » fondé sur la générosité et la simplicité, libéré des castes, de la propriété, des discriminations de sexe, race et religion. Pour le décrire, il emprunte des images aux vieilles légendes indiennes, d'où l'enthousiasme croissant des foules.

Une ferveur qui ne s'explique pas seulement par ce discours poétique et émotionnel. C'est la première fois qu'on s'adresse aux miséreux de l'Inde comme à des êtres humains. Ils se sentent enfin échapper à leur condition de bêtes de somme destinées à produire de l'énergie à vil prix. Gandhi, du reste, admet parfois qu'il rêve tout haut. Il s'empresse alors d'ajouter : « Tout être humain vit dans son imagination. »

Le seul point sur lequel il demeure intraitable est le sort des Intouchables. Il les décrète « Harijans » – « Enfants de Dieu » et confie au philosophe Romain Rolland : « Ce que je veux, ce pour quoi je vis, ce pour quoi je serais très heureux de mourir, c'est la disparition totale de l'Intouchabilité. »

> « A l'instant où l'esclave décide qu'il ne sera plus esclave, ses chaînes tombent. »

Du même coup, il s'attire les foudres des hindouistes orthodoxes. Pour eux, il n'est ni un sage, ni un saint, mais un politicien démagogue. Quant au leader des Intouchables, le Dr Ambdekar, il ne croit pas à sa sincérité et estime que les Anglais, qui ignorent les castes, sont préférables à tout dirigeant de religion hindoue… Pour fascinant qu'il soit, le rêve de Gandhi s'avère donc utopique et, dès les années vingt, certains, plus lucides, y discernent les germes des drames à venir.

Gandhi et
Romain Rolland
en 1931.

« Mon plus vieil ennemi »

Les gouvernants britanniques sont de plus en plus inquiets. A Londres, Winston Churchill monte à l'attaque. Sa position, comme chez tous les ultra-conservateurs, est dictée par des préjugés racistes : il juge les Indiens brouillons, inexpérimentés, incapables de se gouverner seuls.

Caricature présentant Churchill et la politique coloniale britannique.

Le sous-continent est à ses yeux le joyau de l'Empire et la preuve éclatante de la supériorité anglaise sur toute autre civilisation. Plus secrètement, Churchill ne veut pas renoncer à sa vision romanesque de l'Inde forgée pendant sa jeunesse d'officier dans le 4e régiment de Hussards de la Reine.

Il a vécu là-bas des heures exaltantes à mener des charges de cavalerie contre les rebelles de la frontière afghane, à piéger des tigres au fond des jungles, et, une fois rentré à sa caserne, à arbitrer de palpitants matchs de polo avant de longues soirées à écluser de vieux whiskies. Les souvenirs de cette Inde à la Kipling lui sont si chers que chaque mois, il fait virer une pension à un vieux domestique employé en ces temps lointains…

Et tout en jugeant irréaliste l'indépendance de l'Inde, il refuse de mettre un terme aux tragédies engendrées par la brutalité de l'administration anglaise. Il ne les voit même pas. Une cécité qui s'explique aussi par l'attachement de ses amis à la manne financière rapportée par l'Inde. On ne saurait liquider une firme ultra-bénéficiaire, estime-t-il, ce serait tuer la poule aux œufs d'or ! Néanmoins, la montée en puissance de Gandhi l'inquiète.

« Puisque j'ai rejeté l'épée, il n'est plus rien d'autre que la coupe de l'amour que je puisse offrir à ceux qui se dressent contre moi. »

Arrivée de Gandhi en 1939 dans la station d'altitude de Simla (Himalaya) pour discuter de la situation internationale avec le vice-roi.

Dans un premier temps, il tente de se rassurer en traitant le Mahatma d'« homme de paille ». Mais quand il le voit reçu par le vice-roi au palais de Delhi, puis, à Londres, franchir le seuil de Buckingham Palace, il écume de rage et peste : « Tôt ou tard, il nous faudra écraser Gandhi, le Congrès indien, et tout ce qu'il représente. »

A l'approche de l'indépendance de l'Inde, en 1946, le Mahatma entame un jeûne où il semble prêt à rendre l'âme. Churchill manifeste ouvertement sa hâte à le voir mort, se met à trépigner, demande de ses nouvelles d'heure en heure. Gandhi survit. Constatant alors qu'il est doté, comme lui, d'une résistance physique inouïe, Churchill finit par lâcher, avec une férocité malgré tout nuancée d'humour : « Gandhi, mon plus vieil ennemi... »

Gandhi et les politiciens indiens

Les politiciens indiens, autant que leurs homologues britanniques, sont déroutés par Gandhi. Sa virtuosité manœuvrière, ses interminables pinaillages suivis de volte-faces brutales, son recours tout inopiné à l'arme des jeûnes de protestation les déconcertent en permanence.

« La règle d'or de la conduite est la tolérance mutuelle, car nous ne penserons jamais tous de la même façon, nous ne verrons qu'une partie de la vérité et sous des angles différents. »

Cette élite voit aussi d'un mauvais œil qu'un militant, entré au parti du Congrès avec pour seule mission de collecter des fonds, en ait pris si rapidement le contrôle et l'ait massivement ouvert aux gens des campagnes. Des hommes simples, si subjugués par Gandhi qu'ils sont prêts, sur un seul de ses mots d'ordre, à sacrifier leur vie.

Les supporters occidentaux du Mahatma, de leur côté, s'inquiètent de son caractère imprévisible. Ainsi, en 1916, quand la célèbre théosophe Annie Besant invite Gandhi à la prestigieuse université hindoue de Bénarès, elle est effarée du tour que prend son intervention : au lieu du doux discours non-violent qu'attendait de lui le parterre de puissants réunis à ses pieds, il les prend à partie. À commencer par les maharajahs : « Nul salut pour l'Inde avant que vous n'enleviez vos bijoux pour les donner en garde au peuple ! » Puis il admoneste la bourgeoisie intellectuelle et les propriétaires terriens : « Nous ne serons sauvés que par les paysans ! » Annie Besant tente de l'interrompre. Gandhi n'a cure du scandale et poursuit ses imprécations, tandis que les personnalités quittent la salle, au comble de la fureur…

Il ne calcule pas non plus les effets pervers de ses mouvements de désobéissance civile. Ainsi, en 1919, il réussit à entraîner toute l'Inde, hindous et musulmans confondus, dans une journée de grève, de jeûne et de prières, pour protester contre les lois Rowlatt, qui menacent les libertés civiles. Il est arrêté. Loin de propager l'idéal non-violent, comme il le pensait, son incarcération soulève des émeutes meurtrières : il avait pensé à tout… sauf à encadrer ses troupes d'un service d'ordre.

Enfin, lors d'une manifestation non-violente à Amritsar, au Penjab, vingt mille des siens sont bloqués dans un enclos et mitraillés par les hommes du général Dyer. Bilan : trois cent soixante-dix-neuf morts, mille cent trente-sept blessés. « Une erreur grosse comme l'Himalaya ! » admet pour une fois l'obstiné Gandhi. Confession spectaculaire qui, une fois de plus, sème le trouble chez les politiciens…

Annie Besant avait invité Gandhi à Bénarès en 1916 afin qu'il expose ses idées sur l'Inde.

Nehru, le disciple

Dès les années vingt, un jeune et beau lettré s'illustre aux côtés de Gandhi : Jawaharlal Nehru. Comme lui, il a fait ses études en Angleterre. De façon moins brouillonne. Né dans une famille de brahmanes, il a été dirigé d'emblée vers la prestigieuse université de Cambridge.

Entre cours de droit et de philosophie, soirées au théâtre et matches de cricket, il y a renforcé ses convictions rationalistes, tout en se muant en parfait gentleman. Ainsi, à son retour en Inde, il affiche son mépris des astrologues. Quand les devins lui conseillent de rester chez lui, il prend un malin plaisir à sortir sous leur nez...

« Une vie de sacrifice est le sommet suprême de l'art. Elle est pleine d'une véritable joie. »

Son avocat de père est lui-même très occidentalisé et ne cache pas sa passion du whisky et du Bordeaux... Il est pourtant très blessé de voir son fils renier la culture indienne. Mais le jeune Nehru, à l'instar de Gandhi trente ans plus tôt, se croit parfaitement intégré ; et c'est un incident mineur, comme pour le Mahatma, qui infléchit son destin. Certain que sa culture et ses façons de gentleman lui vaudront d'être admis au club de sa ville natale, il pose sa candidature. Il tombe de haut : les Anglais le blackboulent.

Furieux, il décide de suivre son père au parti du Congrès. La personnalité de Gandhi, d'emblée, le fascine. Mais il ne change rien à son athéisme, s'obstine à croire aux bienfaits de la technologie, continue à tonner contre les religions et à répéter qu'avec leurs cortèges d'interdits antagonistes, elles sont la première source des divisions de l'Inde. Nehru a aussi le plus grand mal à se faire à la non-violence prônée par le Mahatma : il est notoirement très coléreux !

Mais Gandhi voit le parti qu'il peut tirer de ce jeune homme d'une prestance et d'un courage impressionnants, doté par ailleurs d'une plume superbe et d'un grand talent oratoire. « Un homme pur comme du cristal », déclare-t-il avant de le prendre sous son aile et de l'envoyer sillonner les campagnes, comme lui naguère, pour qu'il comprenne l'Inde profonde. En 1929, il en fait son héritier politique. D'emprisonnement en marche de protestation, Nehru prend conscience de son propre charisme, sans jamais faire de l'ombre à Gandhi. Echange et respect : ainsi se noue une relation unique, constamment renforcée par les épreuves, et seulement dénouée par l'assassinat du Mahatma.

« Oui, je le suis [hindouiste]. Je suis aussi un chrétien, un musulman, un bouddhiste et un juif. »

L'Islam est une composante majeure de l'Inde depuis le VIIIe siècle. Ici, gouache représentant l'empereur Akbar.

Gandhi tient bon : le projet de partition de Jinnah est pour lui « une blessure par où s'échappera le meilleur sang de l'Inde ». Il mène aussi plusieurs jeûnes très sévères pour parvenir à la réconciliation. Il ne l'obtient que de façon très éphémère mais s'entête et va jusqu'à proposer à Jinnah de gouverner l'Inde. Ce qui n'a d'autre effet que d'enflammer encore les haines. Gandhi a parfois l'impression que certains vers du poète Tagore s'adressaient à lui : « S'ils ne répondent pas à ton appel, marche seul / Ouvre ton esprit, parle haut et fort (...) / Piétine les chardons sous tes pas. / Et voyage seul sur le chemin ensanglanté... »

4 L'EPOPÉE

Conscient de la force de l'image, Gandhi oriente sa cause vers des actions médiatiques : la « tache d'Indigo », la marche du sel, tandis qu'il poursuit sa quête spirituelle dont le rouet devient l'un des symboles majeurs.

La tache d'Indigo

Ce qui exaspère Jinnah au plus haut point, c'est l'art de Gandhi à s'emparer d'une cause pour la transformer, grâce à son charisme, en symbole emblématique de son idéal social. L'épisode connu sous le nom de « la tache d'indigo » est, en 1916, la première manifestation de ce génie médiatique.

A une réunion du Congrès, à Lahore, Gandhi est abordé par un simple paysan, Rajkumar Shukla, qui insiste pour qu'il le suive à des centaines de kilomètres de là, dans l'état du Bihar, afin d'aider ses amis paysans : les planteurs anglais exigent qu'ils plantent d'indigotiers les trois vingtièmes de leur terres et que le revenu de cette plante – base d'une teinture naturelle très appréciée – leur revienne en totalité.

Les paysans sont persécutés, assure Rajkumar. Payés une misère, ils vivent l'enfer. Au départ dubitatif, Gandhi est bientôt intrigué par l'entêtement de Rajkumar, qui lui rappelle sans doute le sien. Il finit par le suivre dans sa lointaine campagne, en train, puis à dos d'éléphant.

Il y découvre que ses dires sont parfaitement fondés. Il réunit alors une équipe d'enquêteurs, qu'il contraint à vivre dans des conditions aussi frugales que lui, et entame une enquête systématique sur les conditions de vie des paysans dans les plantations. Les autorités le somment de décamper sous peine d'arrestation. Gandhi passe outre. Il se retrouve au tribunal. A la stupeur du juge britannique, il plaide coupable. « Nullement pour obtenir une sentence plus douce, conclut-il, ni par manque de respect envers l'autorité légitime, mais par obéissance à la loi supérieure de l'être : la voix de la conscience. » Le jugement est ajourné, puis sa commission d'enquête, autorisée.

Gandhi se remet à l'œuvre. Pour ne pas envenimer le conflit, il contrôle les informations transmises à la presse, vérifie tous les témoignages et prend bien soin de ménager les planteurs. Il parvient ainsi à conclure avec eux un accord acceptable. La « tache d'indigo » dénoncée par Rajkumar est effacée, et comme c'est la première fois qu'un politique s'intéresse aux paysans, le récit de l'épisode, devenu exemplaire, se répand dans toute l'Inde, enracinant chez les opprimés la conviction parfois mystique que le Mahatma, apôtre de la justice et de la vérité, va leur offrir enfin un avenir.

Grâce à Rajkumar Shukla, Gandhi va découvrir la réalité des paysans indiens. Par la suite, il prendra l'habitude de visiter les villages et d'organiser des réunions comme celle-ci avec les villageois.

« Les systèmes économiques qui négligent les facteurs moraux et sentimentaux sont comme des statues de cire : ils ont l'air d'être vivants et pourtant, il leur manque la vie de l'être en chair et en os. »

Le symbole du rouet

Lorsqu'en 1909, Gandhi avait rédigé son pamphlet contre les usines textiles britanniques, il n'avait jamais vu un rouet de sa vie et savait encore moins s'en servir. Dix ans plus tard, il veut mettre ses idées en pratique et impose aux membres de sa communauté de porter des vêtements que chacun filera et tissera de ses mains.

Il se heurte aussitôt à une impasse : la tradition du filage s'est perdue et les rouets sont introuvables. Avec son obstination habituelle, il finit par en dénicher, puis repère des femmes qui savent s'en servir et des cardeurs de coton. Avec leur aide, il se met à l'ouvrage et se confectionne son premier khadi – le pagne traditionnel.

Un an plus tard, lors d'une convention du parti du Congrès, il propose de libérer l'Inde par le boycott de tout ce qui est anglais, tribunaux, écoles, armée et produits anglais, à commencer par les vêtements. « Il n'y a aucune beauté dans un joli tissu, s'il apporte la faim, et par là-même, le malheur ! » proclame-t-il. La motion est adoptée à la quasi-unanimité.

Puis il se lance dans une grande croisade pour expliquer aux populations le pourquoi et le comment de ce nouveau combat. Dans chaque ville, à l'issue de son discours, chacun est invité à se défaire de ses vêtements anglais et à les brûler dans un immense bûcher. C'est lui qui l'allume ; certains de ses fans sont si enthousiastes qu'ils rentrent chez eux entièrement nus... Du nord au sud de l'Inde, les rouets refont surface et deviennent un signe de ralliement à Gandhi.

Caricature de Gandhi filant par Kelen.

Les dirigeants du parti du Congrès, dont Nehru, suivent eux-mêmes son exemple, filent au moins une demi-heure par jour et s'habillent comme lui d'un pagne et d'un châle tissé de leurs mains.

Le Mahatma a juré, en 1921, de ne plus jamais s'habiller autrement. Quand on lui rend visite, on le trouve assis à son rouet, qu'il manipule désormais en virtuose tout en psalmodiant le nom de Ram (« Dieu »). « Filer, c'est s'identifier aux pauvres, et c'est aussi un acte sacré », affirme-t-il. Aussi, quand on lui demande de trouver un drapeau pour le parti, choisit-il tout naturellement d'y dessiner ce rouet, symbole de l'unité de l'Inde rurale et plusieurs fois millénaire, réunissant riches et pauvres dans la même revendication d'indépendance et de dignité.

« Le rouet représente la conscience nationale de l'Inde et la contribution que chaque individu apporte au travail constructif de toute la nation. »

Gandhi, prophète des altermondialistes ?

A nombre d'égards, les positions de Gandhi préfigurent le combat des altermondialistes. Au nom de la vérité, il souhaite que la société pose la question des échanges économiques en termes éthiques et son combat pour que les Indiens utilisent des produits exclusivement indiens est emblématique d'une dénonciation bien plus vaste.

Au-delà de l'industrie anglaise, ce sont les capitalistes de tout poil qu'il fustige, pour leur culte de la compétition et du profit maximum. Il y voit la source des guerres et ne cesse de s'élever, dès les années vingt, contre l'égoïsme, le matérialisme et la course au « toujours plus » des sociétés occidentales : « Vouloir créer un nombre illimité de besoins pour devoir ensuite les satisfaire n'est qu'une poursuite du vent. »

Persuadé que la plupart des guerres ont pour origine la faim, il prêche sans relâche pour l'autosuffisance alimentaire de l'Inde : « Bien des conflits en Asie auraient été évités grâce à un bol de riz de plus. » Mais après avoir pourfendu le machinisme, il est amené à nuancer ses positions. Devenu conscient que son rêve d'une Inde privée des technologies modernes la figerait dans un état exagérément archaïque, il admet l'industrialisation du sous-continent, à la condition que, dans les usines, l'avidité capitaliste soit remplacée par la seule poursuite de l'amour entre frères humains…

« Vouloir créer un nombre illimité de besoins pour devoir ensuite les satisfaire n'est qu'une poursuite du vent. »

Dans son entourage, on crie à l'utopie. Mais Gandhi applique ses principes à sa vie quotidienne et semble très bien se porter de son existence des plus frugales. Il n'a pour seules possessions que ses sandales, son châle, son pagne, sa Gita et une montre en acier bon marché, qui pend à sa taille au bout d'un pauvre lien : il considère que son trésor le plus précieux, c'est le temps et qu'il ne doit pas perdre une seule minute. Lors de ses marches, il mendie l'hospitalité et loge systématiquement dans la plus simple des cahutes. Il écrit avec des crayons qu'il use jusqu'au bout et ne jette jamais un seul morceau de papier inutilisé.

Pour toutes ces raisons, il fascine les anticolonialistes du monde entier. Et ne cesse de nourrir les réflexions qui, de nos jours, aboutissent au commerce éthique, au co-développement, aux mouvements écologistes, voire à des contestations encore plus radicales des circuits économiques contemporains.

eprésentation type de Gandhi, n'ayant pour seuls biens son châle, son pagne et ses sandales.

La marche du sel

La manifestation non-violente la plus célèbre de la vie de Gandhi est sans conteste la « marche du sel » de mars-avril 1930. Il a alors soixante et un ans, et derrière lui une décennie un peu chaotique : d'interminables voyages dans l'Inde profonde, deux ans de prison, de longues périodes de méditation, de nombreux jeûnes de protestation, une petite attaque cardiaque, et même une année entière, en 1926, où il s'est imposé un silence politique absolu !

Gandhi durant la célèbre marche du sel en 1930.

L'Inde a été secouée de grèves, d'attentats et de répressions de plus en plus dures, mais Gandhi s'en est remis à l'avis de sa « voix intérieure », laquelle reste désespérément muette jusqu'au 27 février 1930 où, selon lui, elle lui intime l'ordre de dénoncer par voie de presse la taxe que les Anglais prélèvent sur le sel, produit de première nécessité dont ils se sont arrogés le monopole.

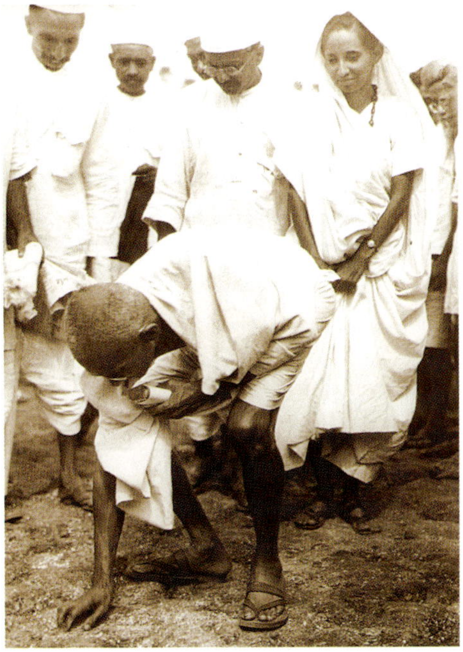

Gandhi bafoue la loi sur le sel en ramassant un morceau de pierre de sel à Dandi.

Gandhi a décidé d'une marche jusqu'à la mer, là où le sel se forme sur les plages indiennes par condensation naturelle. Il enfreindra publiquement la loi en le prélevant de ses mains. Toujours fair-play, il en prévient le vice-roi puis se met en marche avec soixante-dix membres de sa communauté. Les leaders du Congrès, invités à en faire autant dans les autres régions littorales de l'Inde, quittent Gandhi en se demandant s'ils le reverront un jour. Mais il s'est déjà mis en marche « d'un pas ferme, tranquille, inexorable », raconte Nehru.

Tout le long de sa route vers la mer, on lui fait fête. Les paysans, à l'avance, aplanissent son chemin et le jonchent de feuilles. Pourtant, il n'a aucun bagage et couvre aisément ses vingt kilomètres quotidiens. A la halte, il prie, écrit et, bien sûr, file son rouet ! Le 6 avril, il atteint le rivage. Après un bain purificatoire, il ramasse une poignée de sel. Dès cet instant, tout Indien vivant au bord de l'océan en fait autant.

Devant ce succès prodigieux de la désobéissance civile, les Anglais enragent et entament une campagne d'emprisonnements. Gandhi lui-même est incarcéré. « Je vais pouvoir me reposer ! » se félicite-t-il. Le mouvement s'amplifie encore et ce sel pourtant « peu ragoûtant », de l'aveu même de Nehru, devient, après le rouet, le symbole de la fierté indienne et de sa volonté inflexible de conquérir l'indépendance, quel qu'en soit le prix.

« C'est dans l'effort qu'on trouve la satisfaction et non dans la réussite. Un plein effort est une pleine victoire. »

Une épopée très médiatique

Gandhi a prévu que la marche du sel sera suivie par la prise des entrepôts de sel de Dharsana. Malgré son arrestation, deux mille cinq cents volontaires se rendent donc là-bas. A l'insu des autorités coloniales, un reporter anglais, Webb Miller, les accompagne. Son récit des événements révèle au monde entier l'ampleur des atrocités britanniques.

Une première colonne de militants de Gandhi s'est approchée du cordon de quatre cents policiers. A sa tête, un des fils du Mahatma et Sarojini Naidu, poétesse et militante gandhienne de la première heure, célèbre à la fois par son talent, sa passion des saris précieux et son extrême laideur.

Malgré les sommations des Anglais, les militants s'avancent. Une pluie de gourdins renforcés de plaques d'acier s'abat aussitôt sur eux. Ils tombent comme des quilles, mais une deuxième colonne la remplace, bientôt assommée de la même façon, sans opposer la moindre résistance. Ainsi de suite pendant plusieurs heures, puis plusieurs jours, en dépit des dizaines de morts et des innombrables blessés. A la fin, des colonnes de femmes prennent le relais. Elles aussi sont passées à tabac.

L'article de Webb Miller a une répercussion planétaire. Comme l'avait prévu Gandhi, la

A la tête de la marche du sel, Sarojini Naidu accompagne le Mahatma.

Femmes participant à la marche du sel.

démonstration est faite que le colonialisme ne peut se maintenir sans barbarie. Le vice-roi, Irwin, se voit contraint de libérer Gandhi et de négocier avec lui. Il le convie à une rencontre au palais de Delhi. Le Mahatma s'y rend dans sa mise habituelle : simples sandales, pagne et châle tissés à la main. Là encore, les photographes sont là, et Churchill s'étrangle de fureur devant ce qu'il nomme « le spectacle écœurant et humiliant de ce fakir séditieux gravissant à demi-nu les marches du palais pour négocier et traiter d'égal à égal avec le représentant du Roi-Empereur ».

La rumeur court aussi qu'au moment de prendre le thé avec le vice-roi, Gandhi, au lieu de sucre, y a ajouté du sel... Mais Churchill peut tonner ce qu'il veut, le Mahatma a gagné la bataille la plus décisive : celle des images. Dès 1930, il a compris que tout se joue sur le terrain des media. Et l'année suivante, quand il est convié pour des pourparlers à Londres, c'est pour la plus grande joie des photographes et des premiers professionnels des actualités filmées.

« La force réside dans l'absence de crainte, et non dans la quantité de chair et de muscle que nous avons dans notre corps. »

INDIA

5 UNE ICÔNE PLANÉTAIRE

Connu dans le monde entier pour ses actions de désobéissance civile et de non-violence, personnalité parfois controversée, autant en Occident que dans son propre pays, Gandhi jouit néanmoins d'un prestige et d'un respect rares. Il touche les Indiens dans sa volonté de libérer les Intouchables de leur condition et de guider l'Inde vers la liberté.

Saint, gourou ou simple excentrique ?

En 1931, le voyage de Gandhi en Europe installe à jamais sa légende. Il débarque à Marseille avec la chèvre qui lui fournit son lait. Au douanier qui lui demande ce qu'il a à déclarer, il rétorque : « Six rouets, de la vaisselle de prison, un pot à lait de chèvre, six pagnes de fabrication domestique et ma réputation qui ne peut pas valoir grand-chose. »

Il arrive à Londres sous une pluie battante. Sur son pagne, il a simplement jeté un châle. Une foule de curieux se presse sur son passage, mi-fascinés, mi-goguenards. On murmure qu'il exerce sur ses proches un contrôle sans relâche et qu'il les fait vivre dans un mélange constant d'adoration et de peur. Ne serait-il qu'un gourou ? Nombre d'Anglais optent pour cette interprétation : elle leur permet d'ignorer à peu de frais leur terreur de perdre l'Inde et la profondeur du message gandhien.

L'arrivée du Mahatma à Paris, qui fait elle-même sensation, l'opinion se montre plus nuancée. Sensibles à son combat pour les déshérités, certains le surnomment « le petit saint

Le charisme de Gandhi est tel que nombre de Londoniens se sont déplacés pour l'apercevoir.

François de l'Inde », tandis que d'autres le décrivent comme un comédien roué qui ne fait illusion qu'aux snobs ; et comme Gandhi a prononcé sa conférence au cinéma Magic City, on reprend à l'envi l'appellation « fakir »...

Arrivée du Mahatma à Folkstone (Royaume-Uni) en septembre 1931.

Son charisme irrite autant qu'il fascine ; et on a beau jeu de dénoncer son emprise psychologique sur ses proches. Nehru lui-même l'a remarquée. D'après lui, le feu intérieur du Mahatma et son pouvoir « de rendre possible les choses les plus improbables » limitent aussi le libre arbitre de ses compagnons, quand il ne l'anéantit pas : « Peut-on imaginer contrainte plus forte que celle, psychique, par quoi il réduisait tant de ses disciples et collègues à l'état de bouillie mentale ? »

La dépendance de son entourage s'accroît d'autant que les excentricités de Gandhi le rendent constamment insaisissable. C'est le même homme qui observe chaque lundi une journée de silence, puis se lance dans un discours interminable sur l'excellence de la serviette mouillée pour se protéger du soleil, avant de terroriser les Anglais en décrétant un jeûne à mort. Et dans les moments cruciaux de la lutte pour l'indépendance, il peut refuser de soutenir ses compagnons au motif que sa « voix intérieure » ne s'est pas encore manifestée...

« Les moyens peuvent être comparés à une graine et la fin à un arbre. Et il existe le même rapport intangible entre les moyens et la fin qu'entre la graine et l'arbre. »

Du Mahatma à Bapu

Les photos, les journaux, le cinéma ont fait de Gandhi une icône. Dès les années trente, son image est fixée : un vieil homme moustachu au crâne chauve et au torse émacié, qui tient un bâton en main et semble prêt à partir d'une seconde à l'autre pour une marche de protestation menée comme toutes les précédentes : en souriant de sa bouche édentée et l'œil immuablement vif derrière le cercle de ses lunettes à la monture d'acier…

Sans l'avoir cherché, et bien avant l'ère des pop stars, Gandhi s'est inventé un « look » : une apparence qui le rend immédiatement reconnaissable. Dans les années trente, ce look dérange les Occidentaux. Les jambes et le torse du Mahatma sont nus, omniprésence du corps qui s'accommode mal du puritanisme dont ils entourent traditionnellement la pratique politique.

Mais cette apparence permet aussi à Gandhi d'être instantanément identifié à cette Inde dont, sans relâche, il réclame l'indépendance au nom de la dignité des pauvres. Ainsi, après son invitation à prendre le thé à Buckingham Palace, un journaliste lui fait remarquer qu'avec son pagne et son châle, il s'est rendu chez le roi dans une tenue fort peu protocolaire. Il réplique alors : « Sa Majesté avait assez d'habits pour nous deux ! »

En Inde, l'assise de sa célébrité est plutôt d'ordre mystique. Les foules veulent le voir à tout prix : elles recherchent son *darshan*, son apparition physique, qui, pensent-elles, leur permettra de mieux s'imprégner de son esprit. Le Mahatma, sans le dire, réprouve ces fanatiques. Ils l'épuisent et il préfèrerait qu'ils mettent humblement ses méthodes en pratique. D'où ses retraites régulières et, à la fin de sa vie, ses silences prolongés.

De nombreux Indiens rêvent de voir Gandhi, celui qu'ils surnomment affectueusement Bapu.

Il sait pourtant que sa célébrité est une arme capitale : à l'approche de ses soixante ans, il occupe une telle place en Inde que les gens l'appellent familièrement Bapu – « grand-père ». Son autobiographie, rédigée dix ans plus tôt, a largement contribué à cette affection. Dans ce texte très vivant, parfois naïf mais toujours ultra-précis, il a su créer une extraordinaire complicité avec ses millions de lecteurs. Un succès de librairie planétaire, qui contribue à populariser le concept de non-violence et fige déjà son histoire comme une légende dorée.

« Si un homme atteint le cœur de sa religion, il atteint également le cœur des autres religions. »

Le jeûne épique

En janvier 1932, peu après la tournée de Gandhi en Europe, le nouveau vice-roi des Indes veut empêcher toute nouvelle campagne de désobéissance civile. Il limite la liberté de la presse, interdit le parti du Congrès et lance une campagne d'incarcérations – soixante mille en neuf mois.

Gandhi lui-même est emprisonné. A son habitude, il reste serein, jusqu'au jour où il apprend la promulgation prochaine d'une constitution qui obligera les Intouchables à des élections séparées. Ambedkar, leader des parias, approuve le projet. Gandhi décide alors d'un jeûne à mort.

Nehru est pris de court. Pour lui, la question des Intouchables est marginale. Il ne peut cependant rien faire : il est lui-même en prison. Mais une fois de plus, Gandhi a eu une intuition de génie. A l'annonce de son jeûne, hindous ou musulmans, faméliques ou commerçants prospères, tous les Indiens s'unissent pour réclamer le retrait du projet.

Mieux encore, ils enfreignent les tabous qui, depuis des millénaires, frappent les Intouchables. Ils partagent les puits avec eux, leur ouvrent des temples jusque-là interdits. Des brahmanes de Bénarès offrent des repas aux gens des plus basses castes et la mère de Nehru va jusqu'à recevoir publiquement de la nourriture touchée par un paria...

> « Le fatalisme a des limites. Nous devons nous en remettre au sort uniquement lorsque nous avons épuisé tous les remèdes. »

Quelques semaines hors du temps – « comme une éclipse de soleil », écrit Tagore. Mais ni Ambedkar, ni les Anglais ne cèdent, tandis que Gandhi jeûne toujours. Il a 63 ans ; les dégâts biologiques du jeûne paraissent irréversibles. Alors, comme aucun politique, indien ou anglais, ne veut porter la responsabilité de sa mort, des négociations sont engagées. Ambedkar se rend au chevet du Mahatma. Gandhi trouve la force de mener les négociations, très âpres, d'une voix de plus en plus faible.

Le 24 septembre – un dimanche – les médecins jugent que l'agonie est proche. Il dicte son testament. Affolés, les ministres rentrent de week-end, et bouclent dans la nuit un accord à l'arraché... que Gandhi refuse d'approuver avant d'avoir la confirmation écrite de Londres.

On la lui câble. Alors seulement il rompt son jeûne. Il est sauvé. En l'honneur de ce « jeûne épique », Tagore entonne un chant sacré. Tandis que, courageusement, Nehru s'interroge : « Etait-ce la bonne façon d'agir en politique ? »

Dessin représentant Gandhi lors de son jeûne en faveur des Intouchables.

Gandhi et la condition féminine

Gandhi ne cesse d'affirmer l'égalité des sexes, mais sa vision de la femme paraît très passéiste et idéalisée. Il n'en voit que l'aspect maternel – d'après lui, le sommet de l'amour. Un message qui va droit au cœur des Indiens : leur culture est fondée sur de vieux cultes matriarcaux et leur sentiment national s'organise autour de l'idée de « Mère-Inde ».

Plus intimement, il semble que Gandhi n'ait jamais pu se défaire de l'image de sa mère ; et s'il prêche inlassablement contre les mariages précoces, c'est qu'il reste hanté par sa propre histoire avec Kasturbai. Il associe constamment la femme à la douleur et au sacrifice et multiplie les déclarations qui révulsent les féministes occidentales : « La femme n'a d'autre école que celle du mariage et du soin qu'elle porte à ses enfants. »

Madeleine Slade, dite Mirabehn (1892-1982).

Ce qui n'empêche pas la fascination de nombreuses femmes américaines ou européennes, à commencer par la pittoresque Madeleine Slade. Fille d'un amiral britannique, habitée par l'amour de la nature et la passion de Beethoven, elle avait découvert Gandhi par Romain Rolland. Sur ses conseils, elle le lit ; comme victime d'un coup de foudre, elle décide presque aussitôt d'aller vivre en Inde dans sa communauté. Elle s'y prépare avec la même méthode que pour une expédition sur la Lune, devient végétarienne, s'exerce à jeûner, tisser, filer. Puis elle suit, l'angoisse au cœur, les péripéties du « jeûne épique ».

Quand elle s'estime prête, elle écrit à Gandhi pour lui demander d'être admise auprès de lui. Il accepte. Elle quitte l'Angleterre en laissant tout derrière elle : « Une force me poussait. » Quand elle voit Gandhi, elle se sent « irradiée d'une lumière céleste » et tombe à ses pieds. Il la relève et l'étreint : « Tu es ma fille. »

Elle s'autoproclame dès lors « Mirabehn » du nom d'une poétesse amoureuse du dieu séducteur Khrishna. La femme de Gandhi n'en prend pas ombrage : la gloire de son mari a depuis

Les femmes, malgré les positions rétrogrades de Gandhi, sont nombreuses à marcher à ses côtés. Ici, Kasturbai, sa femme, avec Abbas Tyabji et K. Chattopadhya en 1930.

longtemps rejailli sur elle ; les Indiens la vénèrent sous le nom de « Ba » (« Mère »). Mais en 1944, après 62 ans de mariage, Kasturbai succombe d'une bronchite aiguë. Opposé aux intraveineuses, le Mahatma a refusé l'injection de pénicilline qui l'aurait sauvée… Avant de tomber lui-même gravement malade, il confie : « Kasturbai était une part indivisible de moi. »

« Si la non-violence est la loi de l'humanité, l'avenir appartient aux femmes. Qui peut faire appel au cœur des hommes avec plus d'efficacité que la femme ? »

La famille sacrifiée à la cause

Les enfants de Gandhi ont beaucoup de mal à vivre dans l'ombre de leur père. Dès l'Afrique du Sud, ses absences fréquentes, ses incessants diktats alimentaires, puis la vie en communauté, les manifestations, les emprisonnements et, plus généralement, sa surexposition médiatique leur pèsent.

Kasturbai elle-même aurait souhaité pour eux un mode d'éducation plus souple et un enseignement à l'européenne, mais ses demandes ont été vaines. Gandhi a préféré les éduquer lui-même, allant jusqu'à leur imposer trente-deux kilomètres de marche quotidienne pour qu'ils le suivent à son bureau et qu'il les garde ainsi sous sa vue...

Harilal, l'aîné de ses quatre fils, est le plus marqué par cette emprise despotique. Plus son père devient célèbre, plus il se convainc qu'il donne le meilleur de lui-même à des inconnus et reste sourd et aveugle à sa propre demande d'amour. Les marques d'adulation dont le Mahatma est l'objet lui sont insoutenables – il est vrai qu'à son retour en Inde, certains voient en lui un dieu : au sortir de ses bains de foule, ses jambes et ses pieds sont couverts d'égratignures, tant des fanatiques se sont prosternés et agrippés à lui en marque de vénération. Harilal commence par accabler son père de reproches en privé et en public, puis va vivre en Afrique du Sud, suivi de deux de ses frères, avant de sombrer dans l'alcoolisme.

Seul le benjamin, Devadas, reste aux côtés du Mahatma et lui fait office, de temps à autre, de secrétaire particulier. Gandhi ne reçoit plus de nouvelles des trois autres. Il tente d'endurer stoïquement la situation, mais Harilal multiplie les provocations, se convertit à l'Islam, convoque la presse, crée un scandale.

Kasturbai est effondrée. Gandhi, lui, n'est pas opposé à voir son fils devenir musulman, mais discerne l'arrière-plan de l'affaire : une fois de

Devadas, quatrième et dernier fils de Gandhi, est le seul enfant du Mahatma à accepter de se battre auprès de lui. Il a fait de nombreux séjours en prison.

« Celui qui veut servir ne gaspillera pas une seule pensée pour son confort personnel. »

Deux des enfants de Gandhi : Devadas et Manilal (ici avec sa fille Sita).

plus à court d'argent, Harilal a été circonvenu par les ennemis de son père et, moyennant finances, les a laissés organiser cette tapageuse conversion… Il se reconvertira ensuite à l'hindouisme. Lors de son agonie, Kasturbai le réclame à son chevet. Quand son fils se penche sur elle, elle s'aperçoit qu'il est ivre. Elle fond en larmes. En 1948, après l'assassinat du Mahatma, c'est en anonyme qu'Harilal assiste à ses obsèques nationales, avant de mourir lui-même six mois plus tard.

« Quit India ! »

Comme tous les pacifistes, la montée du fascisme en Europe inquiète Gandhi. Face à Hitler, il conseille une attitude qui suscite incompréhension et révolte : « Périssez désarmés ! » Il veut aussi persuader les Juifs que la non-violence sera efficiente face au dictateur. Il demande parallèlement au Führer de cesser la guerre « au nom de l'humanité »...

Les leaders du parti du Congrès le jugent définitivement irréaliste et s'éloignent de lui. Son seul soutien demeure le musulman Ghaffar Khan, qui vit aux marches de l'Afghanistan, et qu'on surnomme pour cette raison « le Gandhi des frontières ». Nehru, lui, préfère obtenir l'indépendance de l'Inde en échange d'un soutien à l'Angleterre. Mais les Britanniques s'agrippent à l'Empire. Ils pensent pouvoir continuer à le régenter en attisant la haine entre hindous et musulmans.

Jinnah, du même coup, réclame de plus belle la création du Pakistan. Nehru renoue alors avec Gandhi. Avec Patel, autre leader du Congrès, ils orchestrent une nouvelle campagne de désobéissance civile. Les Anglais, comme prévu, emprisonnent des milliers d'Indiens, dont les chefs du Congrès. A Londres, plus intraitable que jamais, Churchill est au pouvoir. Les Américains, inquiets de l'avancée des Japonais en Asie, le poussent à faire sortir l'Inde de l'Empire quand la guerre sera finie.

Mais à Delhi, chacun redoute que, par représailles, le vieux lion n'aide Jinnah à créer le Pakistan. En août 1942, la situation semble dans l'impasse quand, au sortir d'une longue période de solitude et de détresse, Gandhi re-mobilise brutalement les populations du sous-continent en leur proposant un slogan en forme d'adresse aux Anglais : « Quit India ! » (« Quittez l'Inde »)

Il y résume les revendications des Indiens : la liberté immédiate. Parallèlement, le Mahatma s'engage à ne nuire en rien aux intérêt des Alliés. Il escompte donc l'ouverture rapide de négociations. A sa grande stupeur, il est à nouveau arrêté, comme les autres leaders du Congrès. L'Inde alors se soulève – très violemment. Sur fond de famine, d'attentats et de sabotages, les Anglais répliquent par une répression sanglante. Mais leur lointain pays est rendu exsangue par la guerre en Europe et dès 1945, l'évidence s'impose : il va bien falloir, en effet, qu'ils se résignent à quitter l'Inde.

Sardar Vallabhbhai Patel et sa fille. Patel s'allie à Gandhi et Nehru dans leur combat pour l'indépendance de l'Inde.

« Tout compromis repose sur des concessions mutuelles, mais il ne saurait y avoir de concessions mutuelles lorsqu'il s'agit de principes fondamentaux. »

CHICAGO

6 LE CHEMIN DE CROIX

Les Anglais ont enfin décidé de rendre l'Inde indépendante. Mais elle ne sera pas celle rêvée par le Mahatma qui ne pourra éviter la partition et le conflit entre hindous et musulmans. Au fil du temps, Gandhi est devenu encombrant, et pour certains, l'homme à abattre.

Un vieux gêneur

Plus les Indiens approchent de l'Indépendance, plus la figure de l'imprévisible Mahatma devient matière à controverse. Nehru et Patel, les deux leaders du Congrès, sont impatients de faire entrer leur pays dans la modernité des usines, barrages et autres plans quinquennaux et ressentent comme un dangereux passéisme son obsession de l'Inde des cinq cents villages.

De son côté, le Mahatma grinche devant les marxistes qui fleurissent dans le sillage de Nehru. Les socialistes n'ont pas davantage grâce à ses yeux. Il déclare qu'il les jugera comme des salonnards tant qu'ils n'auront pas mis leur vie en accord avec leurs idées et demande que les ministres de l'Inde future soient contraints à n'avoir ni domestique, ni automobile, ni garde du corps ; à cultiver des légumes ou à filer une heure par jour, à nettoyer eux-mêmes leurs latrines, enfin à se débarrasser de toute pièce de mobilier étranger...

> « Mon exigence pour la vérité m'a elle-même enseigné la beauté du compromis. »

Gandhi exaspère aussi les chefs du Congrès quand il les convoque dans des quartiers d'Intouchables, les obligeant ainsi à tenir leurs réunions entre égouts putrides et monceaux d'ordures... Sa célébrité et son autorité morale les forcent à le ménager, mais quand le Mahatma, pour éviter la partition de l'Inde, en vient à leur proposer d'abandonner une partie du pouvoir aux musulmans, ils poussent les hauts cris. Non seulement l'idée les révulse, mais ils savent que dans la population, les hindous orthodoxes, déjà peu convaincus par son rêve d'une Inde à l'ancienne, l'accusent de complaisance devant Jinnah et le surnomment « Mohammed Gandhi ».

A l'annonce de la Partition, quand d'effroyables massacres ensanglantent le pays, ces partisans d'une Inde guerrière se font une joie de fustiger l'inutilité de la non-violence. Gandhi ne trouve rien d'autre à leur répondre que cette inefficacité est due à l'âme faible des Indiens qui l'appliquent... Son écoute des critiques est réelle mais reste masochiste.

Selon Romain Rolland, c'est un « saint mulet » : « Il ne peut être convaincu, ni ne convainc. » Toutefois, en dépit de son âge – bientôt 80 ans – Gandhi s'obstine à respecter ses principes dans les moindres détails de sa vie quotidienne, ce qui rend les attaques très ardues. Gandhi devient ainsi la mauvaise conscience d'une Inde qui se déchire – un gêneur.

À la fin de sa vie, le Mahatma se trouve isolé face aux critiques de plus en plus nombreuses.

Le début du martyre

Les ennemis du Mahatma ne cessent plus de dresser l'inventaire de ses contradictions. Il se pique de ressusciter l'Inde des premiers temps et de bannir toute technologie, mais a recours au micro pour faire passer ce message aux foules...

On pointe aussi le financement de sa communauté. L'homme au rouet l'aurait depuis longtemps menée à la faillite sans les subsides d'un richissime industriel du textile mécanique... Le parti du Congrès dépense des fortunes pour lui permettre de vivre dans la pauvreté : dès qu'il s'installe chez un Intouchable, vingt-quatre gardes du corps se déguisent en parias et s'installent discrètement dans les masures environnantes pour assurer sa protection. Quand ils ne sont pas obligés de le suivre, dans le même accoutrement, lorsqu'il est repris de sa lubie de prendre le train en troisième classe...

On dénigre enfin son obsession de l'élimination des toxines des intestins par des lavements réguliers d'eau salée et le fait que les membres de son entourage – femmes comprises – savent qu'ils sont bien en cour lorsque le Mahatma leurs demande de le lui administrer... Le célèbre écrivain britannique George Orwell y va lui-même de sa charge : « Sans doute l'alcool, le tabac et le reste sont des choses qu'un saint doit éviter, mais la sainteté est aussi une chose que les êtres humains doivent éviter... »

Et quand, à la veille de l'Indépendance, Gandhi déclare : « Le salut de l'Inde tiendra à son pouvoir de désapprendre ce qu'elle a appris ces cinquante dernières années », on est à deux doigts de le traiter de vieux gâteux. De fait, il est si pressé de voir les Anglais déguerpir que la perspective d'une Inde plongée dans le chaos ne l'émeut nullement : « Nous marcherons dans les flammes mais les flammes nous purifieront. »

Du coup, quand le nouveau Premier ministre Attlee dépêche Mountbatten en Inde pour régler en six mois l'indépendance du pays, personne n'écoute plus les avis de Gandhi et le nouveau vice-roi n'a donc aucun mal à convaincre Nehru que la puissance de l'Inde sera d'autant plus grande que les Musulmans auront une nation à eux. Le Mahatma lâche alors des mots désenchantés : « Ni le peuple ni ceux qui sont au pouvoir n'ont besoin de moi. Mon seul vœu est de mourir à la tâche en prononçant le nom de Dieu. »

« Ni le peuple ni ceux qui sont au pouvoir n'ont besoin de moi. Mon seul vœu est de mourir à la tâche en prononçant le nom de Dieu. »

Gandhi entouré de Lord Mountbatten et sa femme, Edwina.

Le scandale de la jeune Manu

En 1946, l'Inde sombre dans le chaos. Calcutta est ravagée par des tueries en forme de pogroms, suivies de représailles non moins sanglantes. Les massacres intercommunautaires gagnent les campagnes. Aux atrocités habituelles s'ajoutent les viols, les enlèvements, les conversions forcées.

« La loi de l'amour se montre plus efficace que ne l'a jamais été la loi de la destruction. »

Le Bengale est particulièrement touché. Fidèle à son principe « Do or die » (« Agis ou meurs »), Gandhi, à soixante-dix-sept ans, reprend son bâton de pèlerin et gagne cette région dangereuse en compagnie d'une suite très réduite, où on remarque sa petite-nièce Manu, dix-neuf ans, que Kasturbai lui a confiée avant de mourir.

D'un dévouement exceptionnel, Manu est réputée pour se plier sans broncher à tous les diktats du Mahatma, qui lui est tout particulièrement attaché depuis qu'elle lui a confié n'avoir jamais éprouvé d'émoi sexuel. Cette fois, il met une condition à sa présence au Bengale : elle devra se montrer encore plus docile.

Le voyage est harassant. En plus des haines intercommunautaires, la petite troupe doit affronter les marais, la brousse, la boue, la menace continuelle des tigres et des serpents. En chemin, Gandhi trouve néanmoins le temps de méditer. Persuadé que le déferlement de la violence est due à un péché qu'il aurait commis, et tout aussi convaincu que cette faute grave tient à des fantasmes sexuels, il s'impose une épreuve. Pour savoir si leur cœur est vraiment devenu pur, Manu et lui vont partager le même lit... La jeune fille accepte.

Puis Manu mange dans la même écuelle que Gandhi, le masse ouvertement quand il a froid... Leurs compagnons, de bonne foi, y voient la marque d'une passion sénile. Ce qui les rend aveugles à sa signification mystique : avec cette expérience, Gandhi copie les saints hommes de l'Inde traditionnelle qui cherchent ainsi à s'approcher de l'infini du divin.

Mais des rumeurs malveillantes gagnent Calcutta, puis Delhi. Elles prennent vite la dimension d'un scandale national. Contraint de s'expliquer publiquement, Gandhi persiste néanmoins à partager chaque nuit le même lit que Manu. C'est elle qui dénoue la crise : elle lui demande de quitter le groupe pour regagner leur communauté. Elle a l'habileté de lui présenter ce geste comme un accommodement temporaire et devient ainsi la première à vaincre la légendaire obstination du Mahatma...

Gandhi entouré de Manu (à gauche) et Abha, femme de son grand-neveu.

Face à Mountbatten

Le premier janvier 1947, le brillantissime amiral Mountbatten se voit confier la tâche écrasante de régler l'indépendance de l'Inde en dix-huit mois. L'intitulé du dossier transmis par son prédécesseur dit assez l'ampleur de la tâche : « Opération Maison de fous »...

Mais l'habileté de Mountbatten, sa connaissance de l'Asie, son sens de l'écoute, son charme, son prestige et son extrême simplicité en font l'homme de la situation. D'emblée, il force le respect des Indiens et Nehru se félicite : « Nous avons enfin pour vice-roi un être humain, non un uniforme empaillé ».

De son côté, Mountbatten comprend immédiatement qu'en plus des politiques, il doit traiter avec Gandhi. Qui se fait prier : il attend quarante-huit heures avant de poster la confirmation de leur rendez-vous : « Je ne veux pas que ce jeune homme se figure que je suis pressé d'honorer son invitation ! » Il refuse également de voyager dans l'avion de Mountbatten et lui préfère sa sempiternelle banquette de wagon de troisième classe...

Lady et lord Mountbatten entourés d'enfants à New Delhi.

A son arrivée au palais, les pourparlers commencent mal. Le Mahatma s'est fait voler sa montre dans le train et Mountbatten croit que c'est cette perte matérielle qui le préoccupe, alors qu'il est bouleversé à l'idée de renoncer à sa vision idéaliste des opprimés... Emu par « ce pauvre petit moineau blotti dans son fauteuil », il sent aussi que Gandhi ne se laisse pas impressionner ni par son mètre quatre-vingt-dix, ni par sa prestance aristocratique et encore moins par son esprit rationaliste et son brillant passé militaire.

Grâce à la présence de sa femme Edwina, tout s'arrange. Elle suggère d'emmener Gandhi dans les jardins. Par ce geste, le Mahatma discerne qu'ils partagent les mêmes objectifs. Marque exceptionnelle de confiance, il s'appuie sur Edwina pour regagner le palais. Au fil des

Gandhi et lord Mountbatten, dernier vice-roi des Indes dépêché sur place pour mener l'Inde à une indépendance pacifique.

tractations qui s'ensuivent, cependant, Mountbatten s'aperçoit plus d'une fois que, d'un seul mot, le vieillard à la voix gazouillante peut ruiner des mois de négociation. Ainsi, dans sa hantise d'éviter la partition de l'Inde, Gandhi lui demande de transférer le gouvernement aux seuls musulmans…

« Il n'y aura pas de bain de sang. C'est le militaire qui vous parle, non le civil. »

Lord Louis Mountbatten

En dépit de son respect, le dernier vice-roi des Indes vit donc dans la terreur des lubies du Mahatma. Accablé par son assassinat, il aura ce mot : « Gandhi occupera dans l'Histoire la même place que le Christ et Bouddha. »

La tragédie de la Partition

La pacification entamée par Gandhi au Bengale a échoué. Jinnah refuse toute négociation avec le parti du Congrès. Obsédé par son rêve d'un état islamique, le leader musulman le traite de « lobby de bourreaux et d'hindous de haute caste ». La Partition devient inévitable.

« Gandhi porte une lourde responsabilité dans les terribles événements qui aboutirent à la création du Pakistan. »

Nathuram Godsé

A quelques jours de l'Indépendance, les hindous quittent le futur Pakistan pour se mettre à l'abri des nouvelles frontières de l'Inde, dessinées par les Anglais de façon hâtive et souvent arbitraire, tandis que les musulmans en font autant pour se réfugier à l'est – le plus énorme déplacement de populations de toute l'Histoire moderne.

Sous un soleil de plomb se croisent d'interminables files d'affamés en guenilles, de religions différentes mais tous forcés de quitter des villes et des villages où ils vivaient depuis des générations, et pareillement jetés sur les routes sans la moindre assistance. Le plus mince incident peut mettre le feu aux poudres. Au comble de l'anxiété, Nehru demande à Mountbatten de l'aider à gérer les urgences.

Cependant, la veille de l'Indépendance, un train macabre entre en gare d'Amritsar et, à l'ouverture des portes, les wagons laissent tomber sur les quais des monceaux de cadavres : leurs occupants, des hindous chassés du Pakistan, ont été sauvagement massacrés. On craint le pire à Calcutta, où séjourne encore le Mahatma. La capitale du Bengale grouille de fanatiques de la sanguinaire Kali, déesse hindoue de la destruction, et son immense labyrinthe de bidonvilles et de bazars la rendent incontrôlable.

Pour empêcher les massacres, Mountbatten demande à Gandhi d'y rester. Le Mahatma s'y refuse jusqu'au jour où Surhawardi, politicien des plus vénaux et débauchés, vient l'en supplier. C'est un musulman, l'homme même qui a commandité les massacres de 1946... Emu par sa démarche, Gandhi cède, à condition que l'autre vive sous son toit, sans arme ni garde du corps, dans le même dénuement, et ne le quitte plus...

Le 15 août 1947, alors que toute l'Inde le célèbre sous le nom de « père de la Nation », le Mahatma, qui prévoit les tragédies à venir, s'apprête à passer la fête en jeûnant, dans la seule compagnie de cet homme qu'il n'estime guère, loin des cérémonies officielles, dans une bicoque en ruine, au cœur de la ville de tous les dangers...

Réfugiés hindous se préparant à embarquer pour une nouvelle vie à Bombay.

Le « miracle de Calcutta »

Alors que les Anglais s'apprêtent à amener l'Union Jack et qu'on hisse partout le drapeau indien, le taudis où s'est installé Gandhi est attaqué. Le Mahatma est réveillé par des vociférations haineuses et une pluie d'éclats de verre. Dès le soir, cependant, retournement de situation : une procession se met en route vers sa demeure.

> « On aurait dit qu'après les nuages noirs d'une année de folie, perçait à nouveau le soleil de la raison. »
>
> Le secrétaire de Gandhi

Commence alors le « miracle de Calcutta ». Les fanatiques des deux camps rengainent leurs coutelas, fraternisent, s'étreignent, chantent, prient ensemble, tandis que les enfants échangent des bonbons... Mieux encore, alors que les massacres les plus effroyables ravagent l'Inde, les processions vers la maison de Gandhi se multiplient. Un jour, cent mille personnes, un autre, cinq cent mille, jusqu'à atteindre le million.

Le secrétaire de Gandhi commente : « On aurait dit qu'après les nuages noirs d'une année de folie, perçait à nouveau le soleil de la raison. » Le Mahatma finit par faire le tour de la ville dans une vieille guimbarde. Partout, la foule l'asperge d'eau de rose.

Mais le 31 août 1947, une émeute éclate et sa maison est à nouveau envahie. Il manque d'être assommé ; la police doit intervenir. Le lendemain, deux ouvriers musulmans sont sauvagement tués par des extrémistes hindous. Parallèlement, le nord de l'Inde sombre dans le chaos. La décision de Gandhi est vite prise : il entame un nouveau jeûne à mort. C'est, à 78 ans, une de ces grèves de la faim dont il a le secret, aussi rigoureuse que spontanément médiatisée. Son but, comme toujours, est d'« ouvrir les yeux de ceux contre qui il est dirigé, un adversaire dont on peut prétendre à l'amour ».

Comme du temps des Anglais, à mesure que Gandhi s'affaiblit, les foules retiennent leur souffle et il ne lui faut pas six jours pour obtenir un accord de paix écrit et paraphé, comme il l'exige, de toutes les communautés religieuses de l'Inde nouvelle. Mais il ne triomphe pas. A juste titre : dans les semaines qui suivent, il ne cesse de recevoir des menaces. On crie un jour sur son passage : « Mort à Gandhi ! » Son entrain coutumier fait alors place à un pessimisme profond, qu'il peine à dissimuler. Un ami lui conseille de renforcer sa sécurité. Il lui répond, désabusé : « A l'heure qu'il est, je suis peut-être le seul à continuer à croire en la non-violence... »

Hindous et musulmans se réunissent le 26 août 1947 pour venir écouter le Mahatma.

Toutes les raisons de tuer Gandhi

L'Inde naît dans des flots de sang. Deux cent vingt-cinq mille morts : de Lahore à Delhi, du Cachemire au Pendjab, ce ne sont que carnages, viols, vendettas, femmes et enfants décapités, brûlés vifs, jetés dans des puits, quand ils ne meurent pas de faim, de soif, d'épidémie ou sous les assauts aux « dents de tigre », des crochets destinés à arracher les yeux de l'adversaire.

Des communautés qui ont vécu en bonne entente pendant des siècles ne rêvent plus que de s'étriper. Au Penjab, les Sikhs, tenants d'une religion syncrétique entre l'hindouisme et l'Islam, sont particulièrement touchés. Ce catalogue d'horreurs chauffe à blanc les intégristes hindous et leur bouc émissaire est vite trouvé : Gandhi.

Calcutta durant les attentats qui ensanglantent le pays.

Ils sont vite persuadés qu'il n'est qu'un renégat qui les a poussés à prendre d'énormes risques du temps des Anglais avant de les trahir, sitôt l'Indépendance proclamée, au profit des tenants de l'Islam. Mais le vieux Mahtama s'entête et, le 13 janvier 1948, dans la demeure qu'on lui a prêtée à Delhi, Birla House, il entame un nouveau jeûne à mort. Pour l'honneur de l'Inde, il exige que le gouvernement s'acquitte de sa dette envers le Pakistan – cinq cent cinquante millions de roupies.

Ce nouveau défi attire autant les journalistes internationaux qu'il hérisse l'opinion publique indienne et sème la zizanie dans le gouvernement. Comme toujours, Gandhi tient bon et surenchérit dans la provocation, au nom, dit-il, de l'humanité tout entière : « Même si tous les hindous et Sikhs du Pakistan devaient être égorgés, la vie du plus misérable enfant musulman vivant sur notre sol doit être protégée. » Cette déclaration, une fois de plus, remobilise les foules, y compris au Pakistan.

« Aucun pays ne s'est jamais élevé sans s'être purifié au feu de la souffrance. »

Le jeûne à mort permettait à Gandhi de faire entendre sa voix. Ici, en janvier 1947.

Cinq jours plus tard, le gouvernement indien cède et Gandhi rompt son jeûne. Extrêmement affaibli, il tient néanmoins à reprendre son rouet… Dans son entourage, l'anxiété monte, et pas seulement à cause de son état de santé. Pendant le jeûne, des réfugiés hindous sont venus hurler à sa porte : « Laissons mourir Gandhi ! »

Quarante-huit heures plus tard, une bombe explose à Birla House. Sans faire de dégâts. Sans non plus calmer les esprits : un réfugié vient hurler à Gandhi d'aller se cacher dans une grotte de l'Himalaya. Après un moment d'accablement, il répond : « Pour moi, l'Himalaya, c'est ici… »

Genèse du complot

Les proches du Mahatma ont raison de s'inquiéter. La région de Poona, à l'Ouest de l'Inde, grouille depuis longtemps d'intégristes hindous et Savarkar, leur leader, compte bien profiter des atrocités de la Partition pour se forger un destin national. Opiomane retors et cruel, il a fondé une société secrète de type fasciste, où il arbore le titre de « dictateur ».

Les membre de la secte sont exclusivement des brahmanes ; ils lui prêtent serment d'obéissance absolue. Au début des années quarante, Savarkar s'est attaché Nathuram Godsé, jeune homme élevé dans l'hindouisme le plus strict. Godsé est vite devenu son amant et l'a suivi dans ses pérégrinations à travers l'Inde.

Depuis, il a fait vœu de chasteté mais continue de vouer une admiration sans bornes à son maître à penser, qui l'a poussé à publier dans son journal des articles enflammés puis l'a très habilement propulsé sur les tribunes de son parti, le RSSS, dont le drapeau figure, sur fond orangé, le vieux symbole solaire du peuple aryen. Ce signe, la svastika, remonte à l'époque où, aux environs de 2000 av. J.-C., l'hindouisme et le système des castes se sont imposés comme structure fondamentale de la société du sous-continent. Un emblème également utilisé par les nazis, sous le nom de croix gammée, pour symboliser le Reich...

A trente-sept ans, Godsé est de plus en plus tourmenté par ses contradictions, qui lui valent des migraines récurrentes qu'il soigne à grand renfort de café. Entre deux harangues ultra-nationalistes, il se repaît de romans policiers et de films de violence occidentaux, mais il est pris de malaises à la seule vue d'une goutte de sang...

Pour autant, il est obsédé par l'idée de tuer Gandhi. Avec la complicité d'Apté, jeune viveur très occidentalisé, amateur de femmes et de vins fins, et celle d'un faux religieux, Badgé – en réalité un petit trafiquant d'armes connu de la police – il décide de passer à l'acte. Il s'en ouvre à Savarkar, qui s'empresse de l'encourager. Les conjurés quittent Bombay pour Delhi où ils sont rejoints par deux autres complices.

Ce sont eux qui, le 20 janvier 1947, à la fin du jeûne de Gandhi, jettent en vain une bombe sur son passage. Le Mahatma ne s'aperçoit de rien. Godsé et Apté parviennent à s'enfuir. Seul un de leurs complices est pris.

« Ayez de la haine pour le péché et de l'amour pour le pêcheur. »

Destin inéluctable ou négligence policière

Selon certains, le complot contre Gandhi aurait pu être déjoué. Lors de ses interrogatoires, le complice arrêté par les policiers de New Delhi leur livre des informations qui devraient les faire remonter au plus vite à Savarkar, à Bombay où il réside ; puis leur permettre d'arrêter très vite les conjurés.

« Ne voyez-vous pas que je suis déjà sur mon bûcher funéraire ? »

Mais ils ne transmettent pas ces informations à leurs collègues de Bombay, non plus qu'à la police de Poona où Godsé et l'un de ses complices ont été repérés depuis longtemps comme des individus dangereux – ils ont même fait l'objet de fiches anthropométriques. Le trafiquant d'armes Badgé se sent d'ailleurs à l'abri des investigations : quarante-huit heures après l'attentat, il retourne tranquillement à la librairie qui sert de couverture à ses inavouables affaires, tandis que la police proclame qu'il s'est enfui « dans les forêts qui entourent la ville »...

Soupçonneux, un enquêteur de Bombay envisage d'arrêter Savarkar, mais l'autorisation lui en est refusée au motif que cette décision mettrait la région à feu et à sang. Enfin, à New Delhi, le chef de la police, connu pour son mépris des enquêtes criminelles et son seul goût des honneurs, retire d'autorité l'affaire à son adjoint, un homme de terrain très expérimenté.

La hiérarchie policière est-elle convaincue que les coupables n'ourdiront pas un second attentat ? En ce cas, elle sous-estime la détermination des conjurés. Après un moment d'abattement, ils réduisent leur groupe à trois personnes et, une semaine plus tard, font l'acquisition de l'arme dont ils rêvent : un pistolet automatique Beretta. Puis Godsé arrête un nouveau plan. Ils se déguiseront en militaires – la chemise flottante des soldats permet aisément de cacher l'arme – et ils se rendront à Birla House au moment de la prière publique du Mahatma.

Godsé n'est pas bon tireur. Sa farouche détermination, cependant, impressionne les deux autres. De son côté, le Mahatma refuse toute garde renforcée. A Miss Slade, toujours à ses côtés dans son sari blanc, il va jusqu'à confier que sa disparition serait ce qui peut arriver de mieux à l'Inde... Il a déjà écrit : « Je danse, mais c'est Dieu qui tire les ficelles. Je suis entre ses mains et j'en tire une grande sensation de paix. » Il ajoute à présent : « S'Il veut mettre un terme à ma vie, nul ne peut me sauver. »

C'est durant l'une de ses prières publiques que Godsé va tenter de tuer le Mahatma.

L'heure fatale

Le vendredi 30 janvier 1948, à l'aube, Gandhi se prépare à une journée chargée. Au grand soulagement de son entourage, il a repris un peu de poids et retrouvé un peu d'entrain – il pense se rendre bientôt au Pakistan. Au même moment, dans un hôtel crasseux de la Vieille Delhi, Godsé charge sept balles dans son Beretta.

« Aucun mécanisme légal ne pouvait contraindre Gandhi à rendre des comptes... Je trouvais indécent qu'il lui soit permis de finir de mort naturelle. »

Nathuram Godsé

Puis les conjurés se rendent dans un temple de Kali. Godsé reste à l'extérieur pour fixer la statue de Shivaji, le héros qui chassa de Poona l'empereur moghol Aurengzeb, tandis que les deux autres prient la déesse de la destruction. A la fin de l'après-midi, moment de la prière publique de Gandhi et heure prévue pour son assassinat, ils pénètrent sans la moindre difficulté dans les jardins de sa résidence : les gardes sont plus nombreux mais ne procèdent à aucune fouille.

Par ailleurs, le tireur d'élite chargé discrètement de la sécurité de Gandhi est grippé. Quant à son remplaçant, il vient d'être appelé pour prévenir une grève... A 17 heures, moment rituel de la prière, Gandhi ne se montre pas. Il a mandé Patel pour tenter de le convaincre de rester dans le gouvernement formé par Nehru et leurs palabres s'éternisent.

A un signe de Manu, il s'aperçoit enfin de son retard et sort, soutenu par la jeune fille et son autre petite-nièce. Tout en leur reprochant de ne pas l'avoir prévenu à temps, il s'avance vers la foule. Godsé s'aperçoit alors qu'il peut l'approcher tout à loisir, déverrouille le cran de sécurité du revolver dissimulé dans sa poche et se dirige sans encombre vers lui dans la lumière faiblissante du crépuscule d'hiver, en faisant discrètement glisser l'arme entre ses paumes qui esquissent le salut habituel entre hindous. Puis il s'incline devant le Mahatma.

Craignant qu'il ne s'agrippe à ses jambes, Manu veut l'écarter. Godsé tire alors trois balles à bout portant dans la poitrine de Gandhi, qui s'effondre en lâchant : « Hé, Ram » (« Oh ! Dieu ! »). Il est 17 h 17. Le matin même, il avait commencé la journée en récitant le verset de la Gita : « Devant l'inéluctable, pourquoi te lamenter ? » Godsé est immédiatement arrêté. Avec un sang-froid stupéfiant, Nehru diffère de trois quarts d'heure la diffusion de la nouvelle et, pour éviter un nouveau bain de sang, fait préciser d'emblée que l'assassin est un hindou...

A India House, à Londres, des Indiens apprennent la nouvelle de la mort de Gandhi. Sur la couverture : « Gandhi shot dead ».

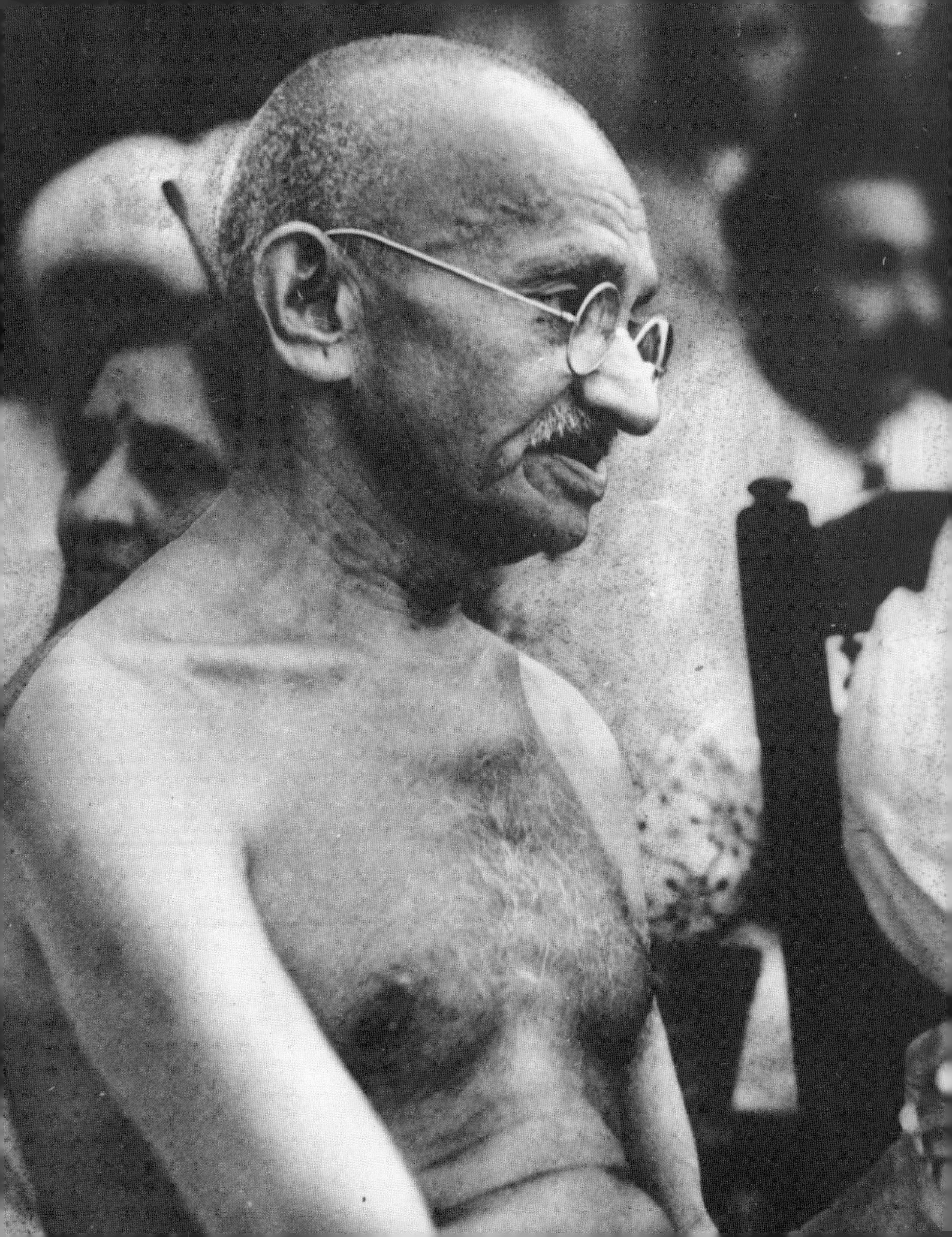

7 UN HÉRITAGE POUR LE TROISIÈME MILLÉNAIRE

Que reste-t-il de l'action du Mahatma ? En Inde, les problèmes majeurs ne sont pas résolus. Mais force est de constater que Gandhi avait soulevé toutes les difficultés auxquelles se heurte le monde d'aujourd'hui. Visionnaire, l'âme de Gandhi plane toujours sur l'Inde, car « la lumière qui a brillé sur ce pays n'était pas ordinaire. Dans mille ans, elle sera toujours éclatante. »

L'Inde et l'héritage du Mahatma

A l'annonce de la mort de Gandhi, les massacres intercommunautaires cessent immédiatement, aussi bien au Pakistan qu'en Inde. En signe de respect, la population s'abstient d'allumer le moindre feu, fût-ce pour cuire un repas. Les obsèques du Mahatma sont à son image : simples et grandioses.

Il est incinéré à Delhi le lendemain de sa mort, entouré d'une foule aussi énorme que parfaitement silencieuse, tandis qu'au Pakistan, des milliers de femmes cassent leurs bracelets de verre – le geste traditionnel du deuil.

Cependant, Gandhi n'a pu éviter la Partition, et Jinnah meurt huit mois seulement après lui. Depuis des années, le leader musulman souffrait d'une très grave tuberculose. A l'annonce de sa disparition prochaine, en avril 1947, Jinnah avait refusé de se ménager, avait survécu à coup de dopants et tenu sa maladie secrète. Les dirigeants du Congrès, s'ils l'avaient apprise, auraient joué la montre pour empêcher la division de l'Inde en deux états, et cette monstruosité que constituait le nouvel état musulman, qui comportait deux territoires : dans ses frontières actuelles, le Pakistan occidental ; et dans le delta du Gange, le Pakistan oriental – devenu indépendant en 1971 sous le nom de Bangla Desh.

Le discours de Nehru aux obsèques de Gandhi résume l'impulsion qu'il voulut donner à la jeune Inde indépendante : « La lumière qui a brillé sur ce pays n'était pas ordinaire. Dans mille ans, elle sera toujours éclatante. » L'Inde des années 2000, cependant, engagée dans un capitalisme effréné, semble bien éloignée de l'idéal gandhien. Les

Les funérailles de Gandhi auraient attiré deux millions d'Indiens.

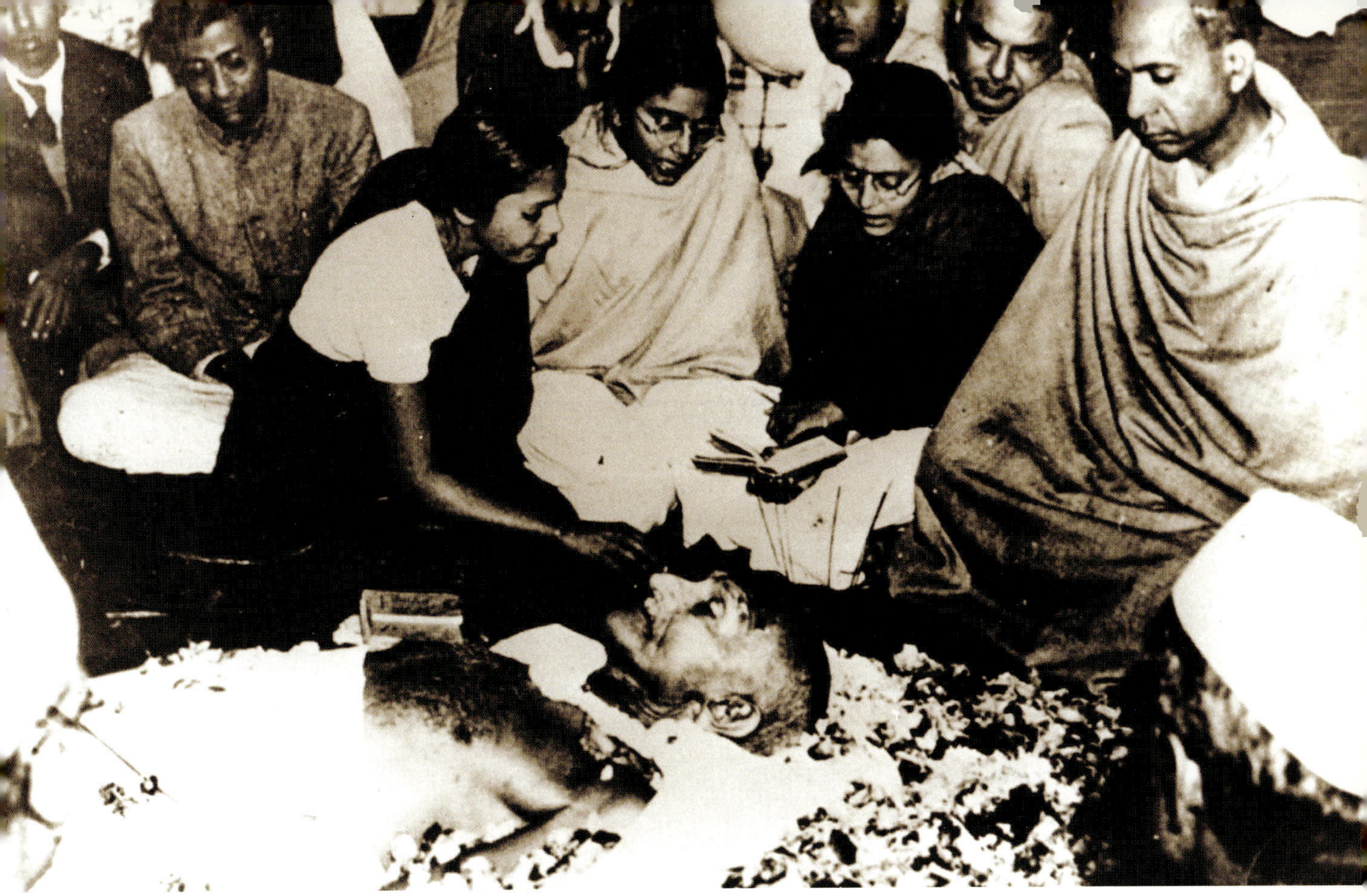

Selon la coutume indienne, les nièces du Mahatma éparpillent des pétales de fleurs sur son lit de mort.

standards occidentaux, raffinés ou caricaturaux, constituent désormais les références de l'« Inde scintillante » célébrée à l'envi par les politiques et les media, riche, urbaine, consommatrice, et occultant l'autre Inde, celle des cinq cent mille villages si chère au Mahatma.

Celle-là s'enfonce dans la pauvreté, tandis qu'à Calcutta, Bombay, Madras ou ailleurs, explosent les bidonvilles, avec leur cortège de fléaux sanitaires et sociaux. La pollution s'aggrave, l'intégrisme hindou flambe, la question des Intouchables n'est pas résolue. La mémoire indienne, certes, continue d'entourer Gandhi d'un immense respect. Mais ce sont les enjeux planétaires qui, soixante ans après sa mort, ressuscitent dans sa profondeur le message du Mahatma.

« Amis et camarades, la lumière a quitté nos vies, l'obscurité est partout, et je ne sais pas trop quoi vous dire et comment vous le raconter. Notre dirigeant bien-aimé, Bapu comme nous l'appelions, le père de la nation, n'est plus. »

Nehru

Gandhi, visionnaire pour le troisième millénaire ?

La vie de Gandhi impose un constat : il a abordé tous les problèmes du troisième millénaire. Son combat contre l'industrie textile britannique préfigure les conflits Nord-Sud, la lutte contre la détérioration des termes de l'échange et les effets pervers de la mondialisation.

L'épisode de la « tache d'indigo » annonce les manifestations contre l'exploitation des ouvriers à bas coût. Inconsciemment, les mouvements des altermondialistes et du « commerce éthique » se situent dans la droite ligne des revendications gandhiennes des années vingt et trente. Les écologistes eux-mêmes ne peuvent que se reconnaître dans les principes qui régissaient ses communautés : la moindre goutte d'eau y était économisée, l'énergie naturelle strictement utilisée, les légumes cultivés sans engrais chimiques, d'une façon qui ravirait nos modernes adeptes du bio ! Enfin, dans un monde tourmenté par le terrorisme et le fanatisme religieux, les messages non-violents du Mahatma demeurent d'une brûlante actualité.

Gandhi, toutefois, n'est pas un idéologue. On peut dresser à perte de vue le catalogue de ses contradictions, disserter pendant des heures sur l'efficacité politique de la non-violence et se rebeller contre ses choix passéistes – son puritanisme sexuel et sa conception rétrograde de la condition féminine en demeurent les aspects les plus discutables et les plus flagrants.

Tâche vaine, qui occulte l'importance de son héritage. Avant tout le monde, le Mahatma a compris que la planète était menacée par des effets de chaîne et que la société industrielle nous imposerait des modes de vie où nous perdrions vite de vue l'essentiel : la conscience de notre appartenance à la communauté humaine ; et il a eu le génie, bien avant Martin Luther King, Nelson Mandela, Jean-Paul II ou le Dalaï-lama, de se servir des media pour rappeler aux foules ce repère fondamental.

Des décennies après sa mort tragique, il demeure une icône majeure de la spiritualité. Son crâne chauve, son rouet, son bâton de bambou, son pagne tissé à la main et ses lunettes d'acier sont ainsi inscrits pour toujours dans l'imaginaire collectif et sa figure têtue nous rappelle ainsi les conditions essentielles de notre survie collective : tolérance, esprit de paix, respect de la nature, humanité.

« Je ne veux pas
que ma maison soit
murée de toutes parts,
ni mes fenêtres bouchées, mais
qu'y circule librement la brise
que m'apportent les cultures
de tous les pays. »

Annexes

Gandhi en quelques dates

1869

Mohandas Karamchand Gandhi naît le 2 octobre à Porbandar (Gujarat), dans une famille plutôt aisée. Il est issu de la caste des *vaishyas*.

1883

Il se marie, selon la volonté de sa famille, avec Kasturbai.

1888

Il s'embarque pour l'Angleterre pour faire des études de droit.

1891

Retour en Inde.

1893

Départ pour l'Afrique du Sud où il doit défendre les intérêts d'une entreprise indienne. Il est confronté à la discrimination raciale.

1894

Il s'élève contre un projet de loi qui vise à interdire aux Indiens le droit d'élire des représentants à l'Assemblée de l'état du Natal. Fondation du Natal Indian Congress.

1896

Il fait un bref retour en Inde pour ramener sa famille en Afrique du Sud.

1897

En janvier, il est attaqué par des Sud-Africains blancs qui sont venus le lyncher.

1906

Le 11 septembre, il adopte pour la première fois, le *satyagraha* ou protestation non-violente pour manifester contre la nouvelle loi du gouvernement du Transvaal (l'enregistrement de toute la population indienne).

1909

Publication du pamphlet *Hind Swaraj*.

1914

Gandhi et Smuts signent un accord sur l'abrogation de la majorité des lois raciales.
Le 18 juillet, il quitte l'Afrique du Sud et rentre définitivement en Inde.

1915

Création du Satyagrah Ashram, communauté de 25 hommes et femmes qui font vœu de vérité, de célibat, d'*ahimsa* (non-violence), de pauvreté, et jurent de servir le peuple indien.

1917

Il soutient les cultivateurs d'indigo, exploités par les industriels anglais, dans leur lutte. Les risques d'émeutes amènent le gouvernement à céder aux planteurs.

1919

Gandhi commence à réclamer l'indépendance de l'Inde. Le 6 avril, il appelle le peuple à cesser toute activité pour ébranler les Britanniques. Le 13 avril, la population manifeste de nouveau à Amritsar. Pour éradiquer la manifestation, les hommes du général Dyer tirent sur la foule. On déplore trois cents morts et mille blessés.

1921

Il devient le dirigeant exécutif du Parti du Congrès en décembre.

1922

Il appelle à la non-coopération avec les Britanniques et au boycott des produits textiles venant d'Europe.
Pour son action, le Mahatma est condamné à six ans de prison.

1924

Gandhi sort de prison.

1930

Le 12 mars, il entreprend la Marche du Sel, son action la plus connue. Il est arrêté.

1931

Gandhi est relâché en janvier.

1932

Sur ordre de Churchill, Gandhi est de nouveau emprisonné. Le 20 septembre, il entame une grève de la faim.

1934

Gandhi se retire de la politique pour laisser la place à Nehru.
Il échappe à trois tentatives d'assassinat.

1942

Il lance son slogan « Quit India » pour inciter les Anglais à donner son indépendance à l'Inde.
Il est arrêté ainsi que sa femme qui meurt lors de sa détention.

1944

Churchill demande la libération de Gandhi.

1947

Alors que Gandhi est partisan d'une Inde unie, le 15 août est proclamée l'indépendance de deux nouvelles nations : l'Inde et le Pakistan.
Guerre indo-pakistanaise.

1948

Le 13 janvier, Gandhi fait son dernier jeûne en faveur des Pakistanais.
Le mahatma Gandhi meurt le 30 janvier sous les balles de Nathuram Godse à Delhi. Ses dernières paroles seront « Hé ram » (« Oh Dieu »)

Les « notions-phare » de la sagesse de Gandhi

Abstinence

Ce concept (*brahmacharya*) se rapproche de la pureté spirituelle, une pratique qui permet de se rapprocher de Dieu. Par la maîtrise du corps (et en particulier des besoins sexuels), Gandhi souhaite aimer et non plus chercher le plaisir.

Bhagavad Gita

Gandhi ne se sépare jamais de sa Gita. Il en a même fait un commentaire en gujerati.
« Chant du Bienheureux » ou « chant divin », la Bhagavad Gita est la partie centrale du poème du Mâhâbhârata, fondatrice de l'hindouisme.
Au début de la guerre de Bhârata, Krishna, huitième avatar de Vishnou, conseille Arjuna, prince guerrier, et l'instruit sur la foi hindoue (et sa théorie de la réincarnation), alors que celui-ci refuse le combat au motif que des membres de sa famille se trouvent dans les deux camps qui s'affrontent.
La guerre est en réalité la métaphore des doutes, des confusions intérieures. Le texte enseigne les chemins (*yogas*) pour apaiser ces tensions et pour atteindre la gloire de l'âme. Dans un dernier chant, Krishna expose la théorie du renoncement qui permet d'échapper au cycle des renaissances.

Bien commun

Plus connu sous le terme de *sarvodaya*, le bien commun consiste en la création d'une nouvelle société fondée sur l'intégration de tout individu et sa participation active.

Jaïnisme

Religion traditionnelle dérivée de l'hindouisme, le jaïnisme insiste sur les concepts d'*ahimsa* (non-violence) et de *karma*. Né hindou, Gandhi s'est nourri de nombreuses autres religions, dont le jaïnisme, mais aussi le bouddhisme, le christianisme et l'islam, au nom du principe d'égalité et de fraternité entre les hommes dont il ne trouvait pas l'écho dans l'hindouisme orthodoxe.

Non-possession

Il s'agit du renoncement aux biens matériels qui ne sont pas nécessaires : « L'observation de ce principe conduit à une simplification progressive de la vie. » En Inde, il s'agit de l'*aparigraha*.

Non-violence

Le concept de non-violence est plus connu sous le nom d'*ahimsa* dans la religion hindoue que l'on pourrait traduire par « le fait de ne causer de dommage à personne ». Gandhi introduit ce concept dans la société occidentale par ses actions non-violentes dans des mouvements de droits civiques. Cependant, la non-violence ne doit pas cacher la lâcheté.
L'*ahimsa* prône aussi le respect de toute vie animale, c'est pourquoi ceux qui pratiquent l'ahimsa sont végétariens ou végétaliens.
Gandhi regroupe sous le terme de *satyagraha* (« force de la vérité ») sa théorie de non-violence.

Satyagraha

Le *Satyagraha* ou voie de la vérité est le principe de non-violence par la désobéissance civile que

Gandhi a instauré : « En appliquant le *Satyagraha*, j'ai découvert, dans les dernières manifestations, que la poursuite de la vérité n'admettait pas que la violence soit imposée à son opposant, mais qu'il doit être sevré de l'erreur par la patience et la sympathie. »

Sikhs

Membres d'une des quatre grandes religions de l'Inde fondée au XVe siècle, qui affirme l'existence d'un unique dieu créateur et rejette le système des castes hindoues.

Vie simple

Mener une vie simple est le plus sûr chemin vers le *brahmacharya*. Gandhi renonce au mode de vie occidental. Il fabrique les vêtements qu'il porte, symbolisés par son rouet (intégré par la suite au drapeau du parti du Congrès indien), action qu'il désigne sous le nom de swadeshi (« C'est cet esprit en nous qui nous impose d'utiliser tout ce qui est dans notre immédiate proximité et de lui réserver notre attention, à l'exclusion des lieux plus lointains. »). Une fois par semaine, il s'astreint à faire silence toute la journée pour trouver la paix intérieure.

Les personnages de la vie du Mahatma

Mohandas K. Gandhi a rencontré au cours de ses voyages, en Inde ou ailleurs, de nombreuses personnalités politiques, intellectuelles ou artistiques. Admiratives de l'œuvre du Mahatma ou excédées par son action, elles resteront toutes liées à un destin hors du commun.

Attlee (Clément)

Homme politique britannique et major de l'armée britannique, il occupe plusieurs postes clés au sein du pays. Il devient le chef de file du Parti travailliste en 1935 pendant vingt ans. Son parti sort vainqueur aux élections de 1945. Il est Premier ministre de 1945 à 1951. Durant ses différents mandats, il est associé à plusieurs événements importants (conférence de Potsdam, plan Marshall, adhésion à l'OTAN) et en particulier à l'indépendance de l'Inde.

Churchill (Winston)

Né en 1874, Winston Churchill fait ses études à Harrow School, puis entre dans la prestigieuse Académie militaire de Sandhurst. A vingt et un ans, il devient lieutenant. Envoyé à Cuba, il s'essaie à l'écriture d'articles sur la guerre. Il quitte l'armée en 1899 et part en Afrique du Sud couvrir la guerre des Boers. A partir de 1900, il se consacre à la politique. Après la Première Guerre mondiale où il joue un rôle controversé, il souhaite une réconciliation avec l'Allemagne et dénonce la montée du communisme. Il devient Premier ministre durant la Seconde Guerre mondiale et joue un rôle déterminant dans le processus de paix des Alliés. Il n'est pas réélu en juillet 1945, mais gagne les élections en 1951. Il dirige le Royaume-Uni pendant quatre ans. Il se consacre par la suite à la peinture et à l'écriture (il décroche le prix Nobel de littérature en 1953) avant de s'éteindre en 1965. L'Inde se souvient surtout de lui quand en 1947 il opta pour qu'on laisse mourir Gandhi, alors prisonnier des Anglais, si celui-ci faisait de nouveau une grève de la faim.

Godsé (Nathuram)

Issu d'une famille de brahmanes pauvres, il se passionne très tôt pour la politique. Après sa rencontre avec Vir Savakar, il devient rédacteur en chef de *Mahasaba*, un hebdomadaire pro-hindou. Considérant Gandhi comme traître à l'hindouisme, à la suite de ses jeûnes pendant les violences qui opposèrent hindous et musulmans, le RSS, organisation extrémiste hindoue, décide de l'assassiner. C'est Godsé qui en a la charge. Il est condamné à la peine de mort en 1949.

Gokhale (Gopal Krishna)

Né en 1866, dans le Maharashtra, il est l'un des principaux leaders du parti du Congrès et de la société des serviteurs de l'Inde. Il demande à Gandhi de rentrer en politique. Il meurt en 1915.

Jinnah (Mohammed)

Leader de la Ligue musulmane, partisan de la Partition de l'Inde, il est un farouche adversaire de Gandhi. Lors de la création de l'Etat du Pakistan en 1947, il devient le premier gouverneur du nouveau pays, où sont censés se regrouper tous les Indiens musulmans. Il est aujourd'hui considéré comme le père de la Nation. Il meurt en 1948 à l'âge de soixante-douze ans.

Mountbatten (Louis)

Né prince Louis de Battenberg, il devient lord Mountbatten en 1917. Il épouse Edwina Ashley en 1922. Pendant la Seconde Guerre mondiale, il est nommé vice-amiral et chef des opérations combinées en 1942. Cinq ans après, il devient vice-roi et gouverneur général des Indes pour préparer l'Indépendance de l'Inde avec la Ligue musulmane et le parti du Congrès. Il négocie la partition des Indes selon un plan révélé le 3 juin 1947. Il est le premier gouverneur général de l'Inde libre. De 1955 à 1959, il est amiral de la flotte et First Sea Lord, puis commandant des forces de l'OTAN en Méditerranée. Il meurt dans un attentat perpétré par l'IRA en 1979.

Naidu (Sarojini)

Née en 1879, elle suit des études brillantes en Inde et en Angleterre. Elle s'engage en politique quand elle fait la connaissance de Gokhale, séduit par ses dons d'oratrice. Elle rencontre Gandhi à la même époque (1916) et défend les mêmes valeurs : désobéissance civile, unité de l'Inde, cause nationaliste. Elle prône aussi l'amélioration de la condition de la femme et des classes défavorisées. En 1919, à Londres, elle est membre de la délégation indienne pour l'autonomie. Dans les années vingt, elle représente Gandhi aux Etats-Unis. Elle est la première femme élue présidente du Congrès national indien. La partition de l'Inde et l'assassinat du mahatma la touchent profondément. Elle meurt en 1949, alors qu'elle est gouverneur des Provinces unies (Uttar Pradesh). Sarojini Naidu est aussi connue pour ses œuvres poétiques, écrivain majeur de la littérature indienne de l'époque.

Nehru (Jawaharlal)

Issu d'une famille de brahmanes hindous, Nehru fait ses études au Royaume-Uni et devient avocat en 1912. Influencé par son père, longtemps leader du parti du Congrès, et par ses fréquentations en Angleterre, il s'inscrit à son retour en Inde. Quatre ans plus tard, il rencontre Gandhi. Ensemble, ils mèneront le pays sur la voie de l'Indépendance. Cependant, loin de partager les idées du Mahatma, Nehru rêve de réformer son pays en profondeur, condition *sine qua non* pour construire une Inde moderne. Pendant la Seconde Guerre mondiale, il soutient les Alliés en échange de quoi les Britanniques promettent l'indépendance de l'Inde, obtenue en 1947. Premier ministre, à la mort de Gandhi, en 1948, il devient le chef du nationalisme indien. Il mène une politique capitaliste teintée de socialisme. A deux reprises, en 1957 et en 1962, il conduit le parti du Congrès à la victoire. Il meurt en 1964 des suites d'une crise cardiaque. Comme pour celles de Gandhi, ses funérailles sont suivies par des millions d'Indiens.

Patel (Sardar Vallabhbhai)

Originaire du Goujerat, il fait des études de droit en Angleterre. Il devient avocat et rencontre Gandhi peu après. Il adhère à son mouvement de désobéissance civile. Il devient président du parti du Congrès en 1931. Il est plusieurs fois emprisonné pour ses actions par les Britanniques. Au sein du gouvernement Nehru, il obtient les fonctions de ministre de l'Intérieur, ministre des Etats et Premier ministre adjoint. Il négocie avec succès l'intégration des Etats princiers des Indes à la République. Il réussit à gérer la crise qui résulte de l'assassinat de Gandhi et évite ainsi la guerre civile. Il meurt à Bombay en 1950, à soixante-quinze ans.

Rolland (Romain)

Fils d'une famille de notaires, il fait de brillantes études et est reçu à l'Ecole normale supérieure en 1886, puis à l'agrégation d'histoire en 1889. En 1895, à son retour de Rome où il a passé deux ans, il se plonge dans une thèse sur le théâtre lyrique moderne en Europe. Jusqu'en 1912, il est professeur à l'Université. Il vit par la suite de ses écrits.
Il se fait connaître par la publication d'articles sur la Première Guerre mondiale et par son roman *Jean-Christophe*. Il obtient le prix Nobel de littérature en 1915. Adepte de la non-violence et de l'humanisme, il est aussi séduit par l'idéal communiste. Il rencontre Gandhi en 1931 et a publié un livre à son sujet.

Savarkar (Vinayak Damodar)

Né en 1883 dans une famille de brahmanes qui se targue de faire la chasse aux Anglais depuis le XIXe siècle, Vinayak Damodar Savarkar, à l'âge de seize ans, fonde avec son frère un mouvement nationaliste et anti-musulman. Il finit ses études à Londres et fustige les méthodes de Gandhi, affirmant que seules la violence et la clandestinité seront efficaces. Il rencontre Gandhi quelques années plus tard dans la capitale britannique. Il est arrêté en 1910 pour l'envoi d'armes en Inde. Il est condamné à la déportation à vie. Plusieurs de ses frères seront condamnés à la même peine. Gandhi prend la plume pour écrire des articles en leur faveur. En prison, V. D. Savarkar écrit un livre, *Hindutva*, qui devient rapidement une référence du nationalisme hindou. Il est libéré en 1937. Il règne en maître absolu sur la Secte de la nation hindoue. Quand l'Inde s'embrase en 1947, il fait tout pour qu'une guerre civile éclate. Un an plus tard, il est soupçonné d'avoir participé au meurtre de Gandhi mais sera acquitté. Il meurt en 1966.

Slade (Madeleine)

Alors qu'elle a vécu de nombreuses années en Inde, elle ne découvre Gandhi que dans les années vingt, en découvrant une biographie écrite par Romain Rolland. C'est la révélation. Elle décide alors de rejoindre le Mahatma. Après une longue préparation, elle le retrouve à l'« Ashram » de Sabarmati. Elle se plie à toutes les tâches, sans hésiter. Gandhi l'appelle Mirabehn. Elle apprend la langue hindi à Delhi. Les Anglais voient d'un très mauvais œil la conversion de cette jeune femme de bonne famille et son père la déshérite. Elle restera toujours attachée aux valeurs du Mahatma et dévouée au peuple indien.

Tagore (Rabindranâth Thâkur, dit)

Né à Calcutta, dans une famille d'artistes attachés à abolir le système de castes et à améliorer la condition féminine en Inde. Il étudie au Bengale et en Inde. Proche du parti nationaliste, il est connu pour ses œuvres poétiques qui délivrent un message philosophique. En France, c'est André Gide qui traduit son œuvre la plus connue, *L'Offrande lyrique*. Il est aussi l'auteur des hymnes nationaux de l'Inde et du Bangladesh. Il reçoit le prix Nobel de littérature en 1913.

Bibliographie

Ouvrages de Gandhi

Gandhi M.K., Ma vie et mes prisons
Denoël, Paris, 1952

Autobiographie ou Mes expériences de vérité
Quadrige, PUF, Paris, 1989

Résistance non violente
Buchet Chastel, Paris, 1986

Tous les hommes sont frères
Gallimard, Paris, 1990

The Collected Works of Mahatma Gandhi
90 volumes
The Publications Division, The Government of India, New Dehli, 1958-1984

The Moral and Political Writings of Mahatma Gandhi (sous la direction de Lyer R)
3 volumes
Clarendon Press, Oxford, 1986-1987

The Penguin Gandhi Reader (sous la direction de Mukherjee R.)
Penguin, Harmondsworth, 1993

Ouvrages sur Gandhi

Clément C., *Gandhi, athlète de la liberté*
Gallimard, paris, 1989

Erikson E.H., *La Vérité de Gandhi*
Flammarion, Paris, 1974

Fisher L., *La vie du Mahatma Gandhi*
Belfond, Paris, 1983

Grimaud E., *Le sosie de Gandhi*,
Editions du CNRS, Paris, 2007

Lacombe O., *Gandhi ou la force de l'âme*
Plon, Paris, 1964

Lapierre D., Collins L., *Cette nuit, la liberté*
Laffont, Paris, 1975

Lassier S., *Gandhi et la non-violence*
Seuil, Paris, 1970

Markovitch M., *Gandhi et Tolstoï*
Slatkine, Paris, 1977

Payne R., *Gandhi*
Seuil, Paris, 1972

Rolland R., *Mahatma Gandhi*
Stock, Paris, 1993

En anglais

Brown J.M., *Gandhi's Rise to Power : Indian Politics 1915-1922*
Cambridge University Press, Cambridge, 1974

Dalal C.B. (présenté par), *Gandhi : 1915-1948 : a Detailed Chronology*
Gandhi Peace Foundation, New Delhi, 1971

Mehta V., *Mahatma Gandhi and His Apostles*
Penguin, Hardmondsworth, 1982

Nanda B.R., *Gandhi and His Critics*
Oxford University Press, Oxford, 1985

Nehru J., *An Autobiography*
APPL, Inde, 1962

Pyarelal Nayar, *Mahatma Gandhi*
The Early Phase, Navajivan, Ahmedabad, 1965
The Discovery of Satyagraha : On the Treshold, Sevak Prakashan, Bombay, 1980
The Last Phase, Navajivan, Ahmedabad, 1965-1966

Tendulkar D.G., *Mahatma : Life of Mohandas Karamchad Gandhi*
8 volumes
The Publications Division, Government of India, New Delhi, 1960-1963

Film

Gandhi de Richard Attenborough (1983) avec Ben Kingsley, Candice Bergen, Edward Fox...

Pour aller plus loin sur Internet

http://fr.wikipedia.org/wiki/Mohandas_Karamchand_Gandhi
Article sur la vie et les concepts du Mahatma.

http://agora.qc.ca/mot.nsf/Dossiers/Gandhi
Biographie de Gandhi avec des liens connexes intéressants (Inde, paix, tolérance, etc.).

www.mkgandhi.org
Site sur Gandhi : sa vie, ses œuvres, son action, etc. (en anglais).

http://fr.wikipedia.org/wiki/Histoire_de_l'Inde
Article sur l'histoire de l'Inde.

www.india-fr.com/histoire.php
Site sur l'Inde (histoire, religion, fêtes...) avec des biographies de personnages célèbres dont Gandhi.

Crédits iconographiques

©Hulton Archive / Getty Images
p. 16, 18, 21, 23, 25, 29, 30, 31, 35, 39, 44, 52, 56, 67, 68, 86, 90, 93, 97, 107, 110, 114, 116, 117, 119, 122, 124

©Time & Life Pictures / Getty Images
p. 27, 60, 79, 87, 92, 96, 98, 99, 101, 102, 112, 120, 126, 129

©Photo 12.com-Gandhiserve
p. 19, 33, 36, 43, 45, 49, 53, 54, 58, 61, 65, 71, 74, 76, 83, 84, 85, 91, 105, 111

©Photo 12.com-World Religions Photo Library
p. 47

©Photo 12.com-Ann Ronan Picture Library
p. 51, 88, 95

©Photo 12.com-Robert Grocott / Ziggurat Photography Ltd.
p. 62

©Photo 12.com-V&A Images
p. 75

©Photo 12.com-Oasis
p. 80, 66

©Photo 12.com-Bertelsmann Lexigon Verlag
p. 81

©Photo 12.com-Ullstein Bild
p. 108

©Photo 12.com-KEYSTONE Pressedienst
p. 127

DR
p. 8, 20, 24, 26, 28, 40, 72, 73

couverture (portrait) © Time & Life Pictures / Getty Images
(silhouette) © Photo 12.com-Gandhiserve
4e de couverture © François Frain

www.irenefrain.com

Remerciements

Merci à Lorraine Auffray et Audrey Deplatière pour leur enthousiasme créatif et leur suivi fidèle à toutes les étapes de la conception et de la réalisation.

Responsable Editorial
Lorraine AUFFRAY

Assistant d'Edition
Audrey DEPLATIERE

Maquette & couverture
Joséphine CORMIER

Impression
DZS

Timée-Editions
66, rue Escudier – 92100 Boulogne – France
www.timee-editions.com

Dans la collection Beaux livres

De Gaulle, l'Esprit du possible
Yves Jégo

Merveilleux Noël
Collectif

Corrida, Regards
Christian Gabanon
Textes de François-Xavier Gauroy

Corrida, Emotions
Christian Gabanon
Textes de François-Xavier Gauroy

Mon Algérie
Jean-Claude Brialy

50 ans, et après ?!
Eric Dudan

Comics,
Dans la peau des super héros
Philippe Guedj

Peuples premiers,
Aux sources de l'Autre
Fabrice Delsahut

Dans la collection Les Plus Belles Histoires

Sports et Loisirs

Vert passion
Les 50 plus belles histoires de l'Association Sportive de St-Etienne
Christophe Barge et Laurent Tranier

Le Tour de France,
Morceaux de bravoure
Eric Delanzy

L'Aventure des Bleus
Alain Mercier et Cyril Pocréaux

La passion de l'Olympisme
Paul Miquel

Renault, la course en tête
Robert Puyal

Terre battante
Les 50 plus belles histoires de Roland Garros
Patrice Dominguez

Zidane, maître du jeu
Etienne Labrunie

Stade de France,
Entrez dans la légende
Alain Billouin

La fabuleuse histoire
de la Coupe du Monde
Étienne Labrunie

Le mythe Ferrari
Lionel Froissart

La magie OM
Stéphane Colineau

Golf, Instants de légende
André-jean Lafaurie

Coupe de l'America,
150 ans de défi
Grégory Magne

PSG, club capital
Daniel Riolo

Sciences et Découvertes

Les plus belles histoires des Trains
Collectif

Les Aventuriers de l'Energie
Les 100 plus belles histoires de l'électricité
Nicolas Viot

Des Métaux et des Hommes
Les 50 plus belles histoires de la chaudronnerie
Louise Haroun

Dans les pas des Bâtisseurs
Xavier Bezançon

La Nature dans tous ses états
Les 50 plus belles histoires de l'environnement
Guersendre Nagy

TGV, en route vers le futur :
25 ans de passion
Philippe Mirville

TGV Est, de la Crampton à la grande vitesse
Philippe Mirville

Cousteau, la planète en héritage
Michel Chevalet

Histoire et Civilisations

La folie Carnaval
Sarah Belabes

Le cœur des femmes
Les plus belles histoires des 50 femmes du XXᵉ siècle
Roselyne Febvre

Sous le sable des arènes
Les 50 plus belles histoires de la corrida
François-Xavier Gauroy

La Liberté venue des Mers
Les 60 plus belles histoires de la Libération de la France
Catherine Trouiller et Sharon Elbaz

Winston Churchill
Denis Lépée

Le français en partage
Les 50 plus belles histoires de la francophonie
Christophe Traisnel
Préface : Abdoulaye Wade

Indiens,
Les premiers Américains
Fabrice Delsahut

Versailles,
La passion de Louis XIV
Jean-Christian Petitfils

Napoléon,
Le sceau de l'aigle
Irène Delage

Ernest Hemingway,
La vie en face
Denis Lépée

Top Secret
Les 50 plus belles histoires d'espionnage
Yves Bonnet

Marie-Antoinette,
Portrait d'une reine
Philippe de Montjouvent

Les secrets de l'Elysée,
De la Duchesse de Pompadour à Jacques Chirac
Georges Poisson

Monaco, la saga Grimaldi
Patrick Weber

La Fayette, la passion de la liberté
René Belin

Arts et Culture

Cannes fait son Cinéma
Nathalie Cuman

Le siècle de Dali
Jean-Christophe Argillet

Jules Verne, le poète de la science
Sous la direction de Jean-Paul Dekiss

Coups de foudre
Les 50 plus belles rencontres amoureuses
François-Xavier Gauroy

L'esprit du Vin
Claude Chapuis

Les mille visages de Sartre
Sophie Richardin

Simone de Beauvoir, côté femme
Claudine Monteil

L'Empire des jeux
Les 50 plus belles histoires des jeux vidéo
Vincent Montagnana

Marilyn Monroe,
De l'autre côté du miroir
Bertrand Meyer-Stabley

Johnny Hallyday,
Taillé dans le rock
Jacques Perciot

Polars et films noirs
François Guérif et Claude Mesplède

James Bond,
La saga est éternelle
Guillaume Evin

André Malraux,
Un écrivain au cœur du siècle
Guillaume Belin

James Bond,
La saga est éternelle
Guillaume Evin

Séries cultes,
L'autre Hollywood
Abdessamed Sahali

Sacha Guitry entre en scène
Georges Poisson